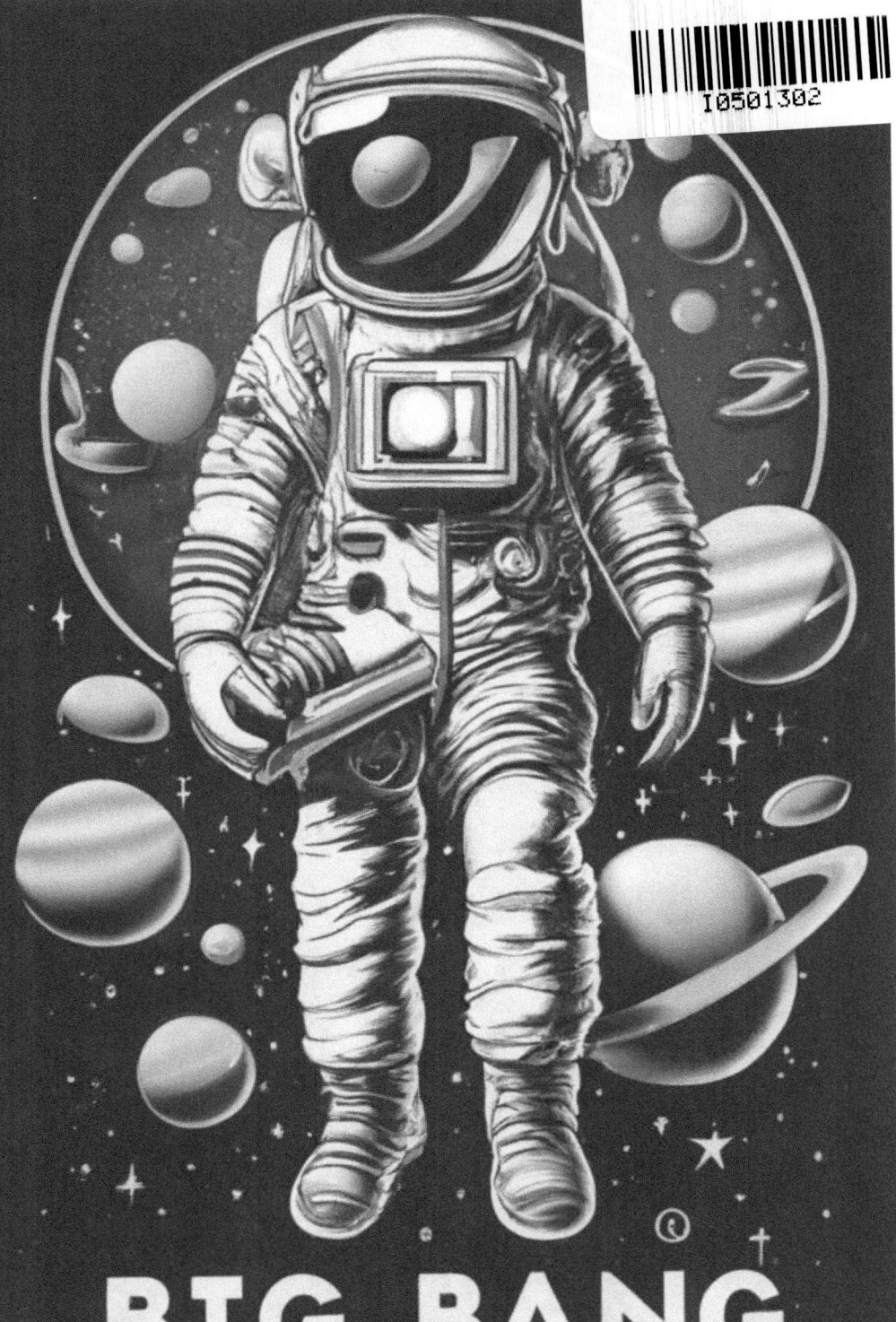

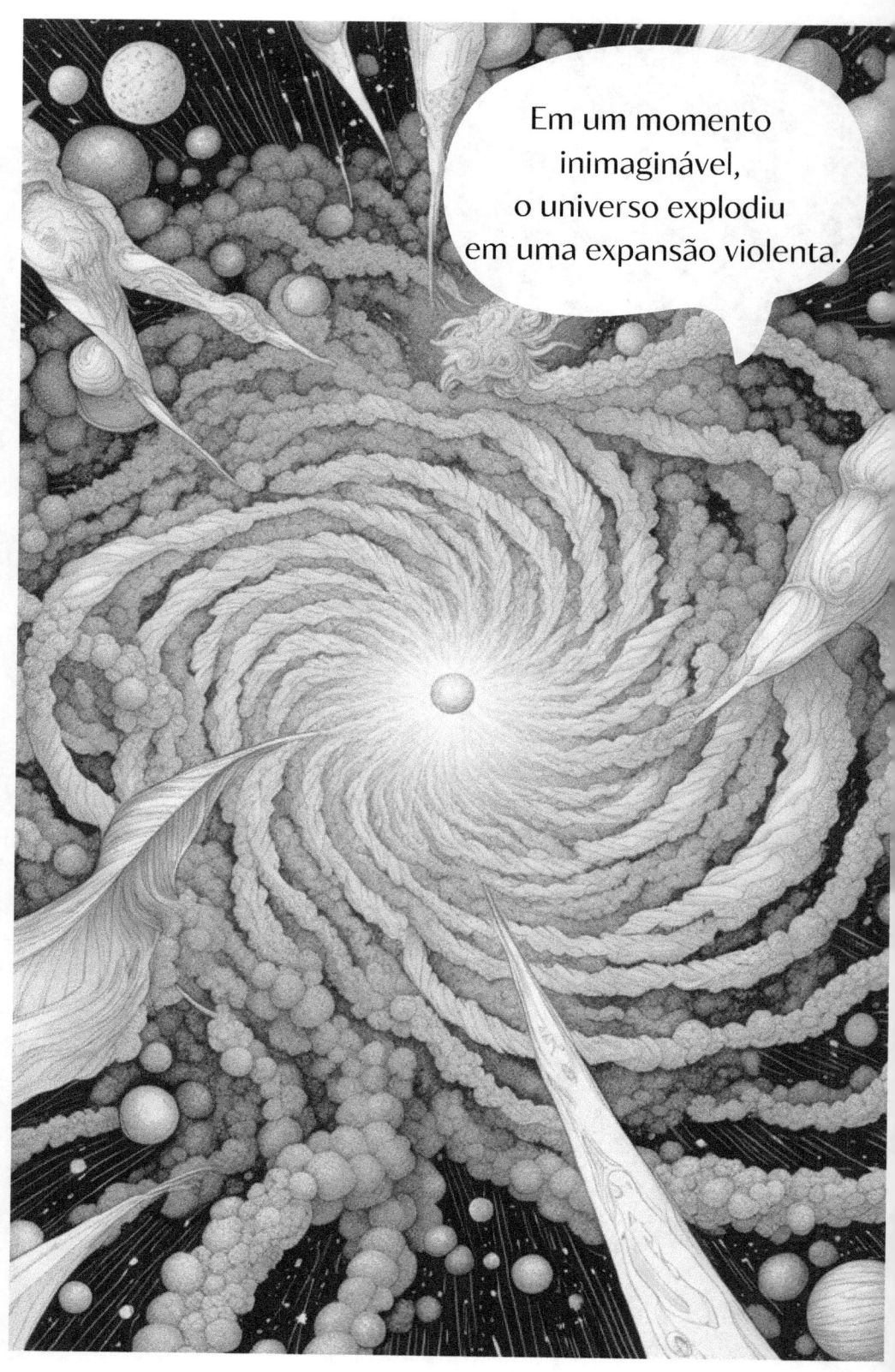

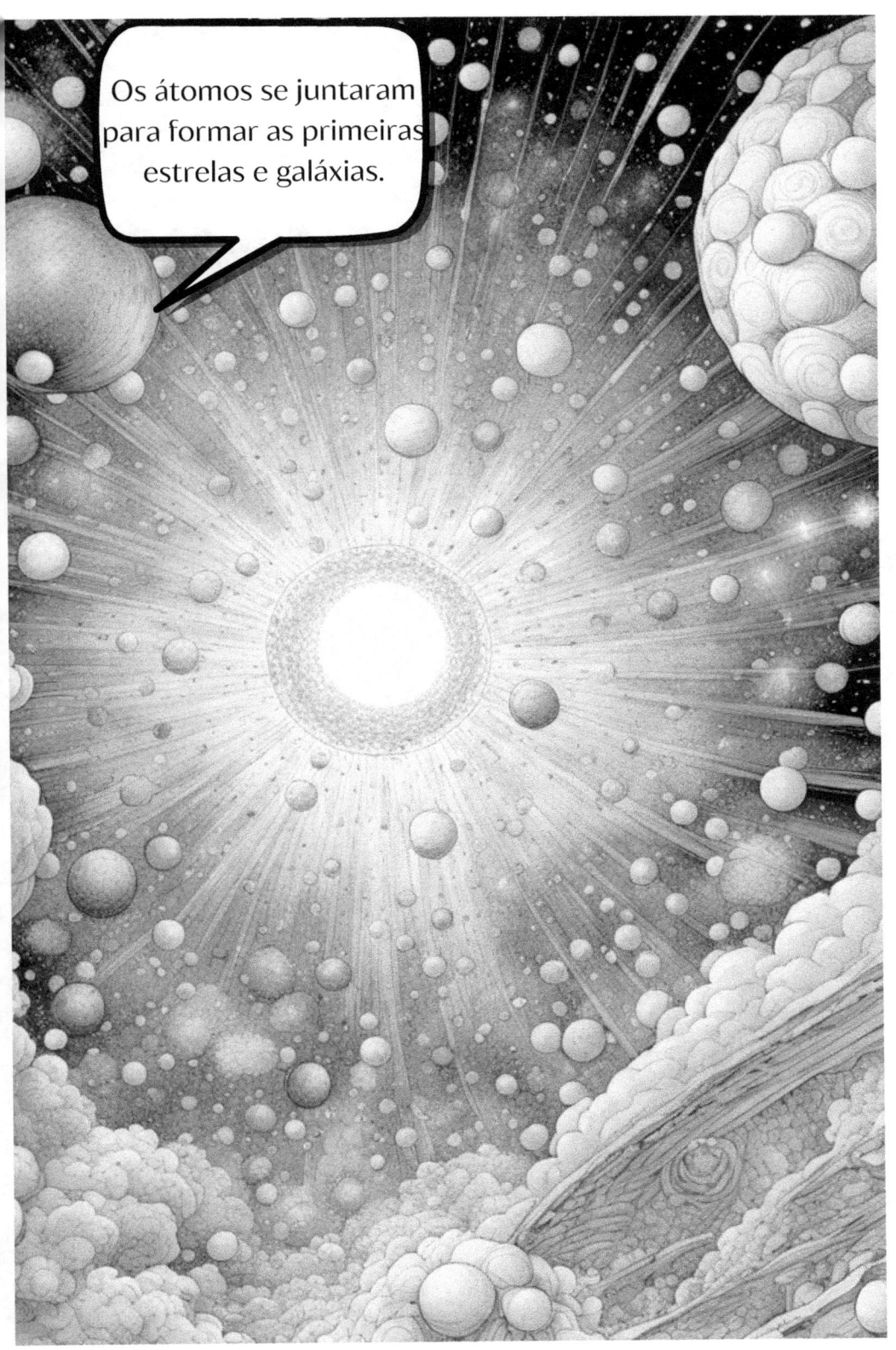

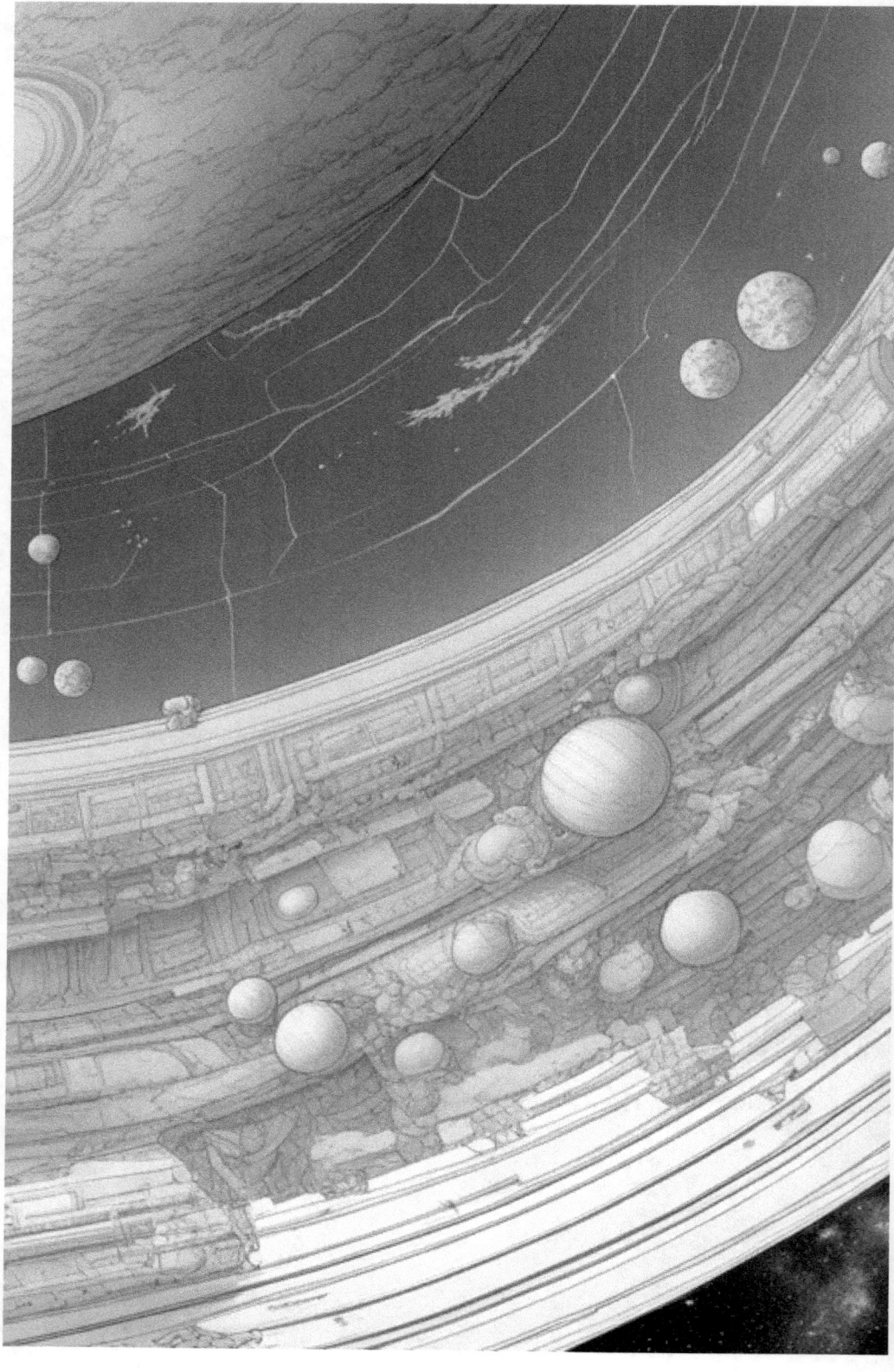

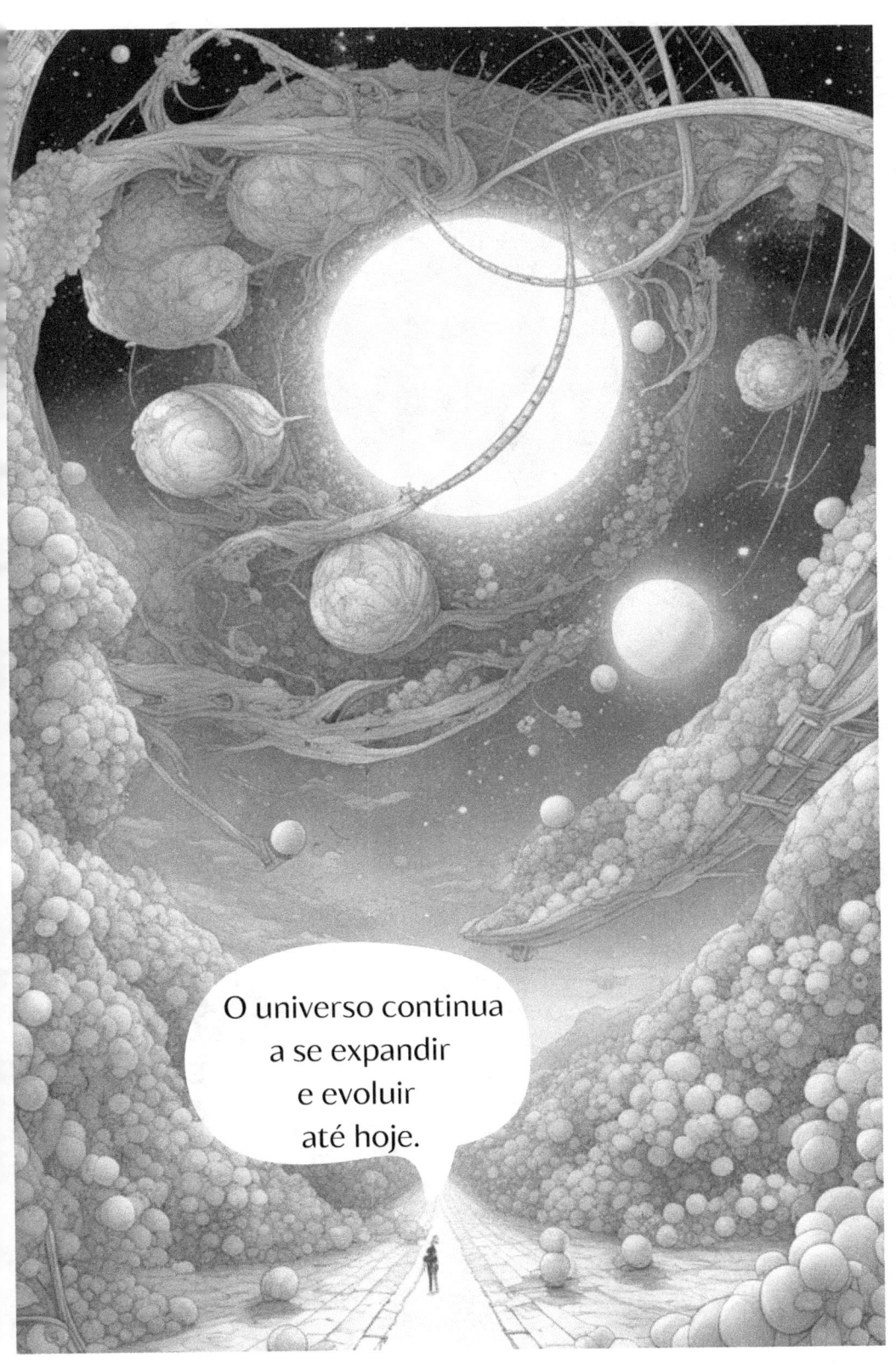

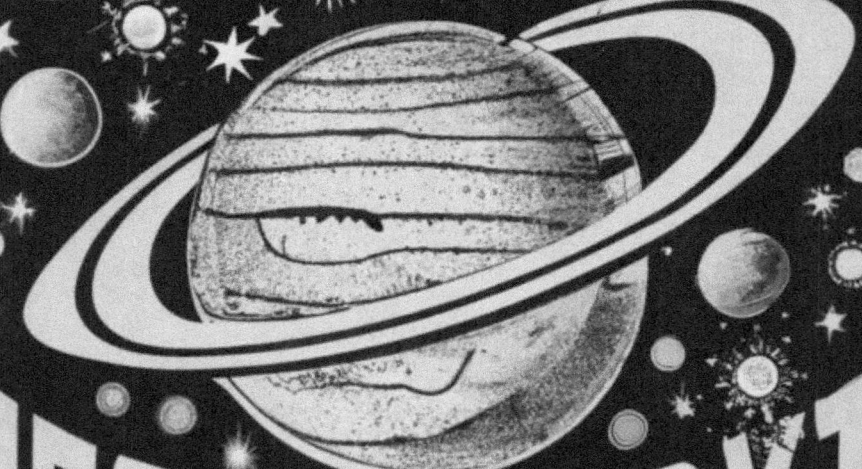

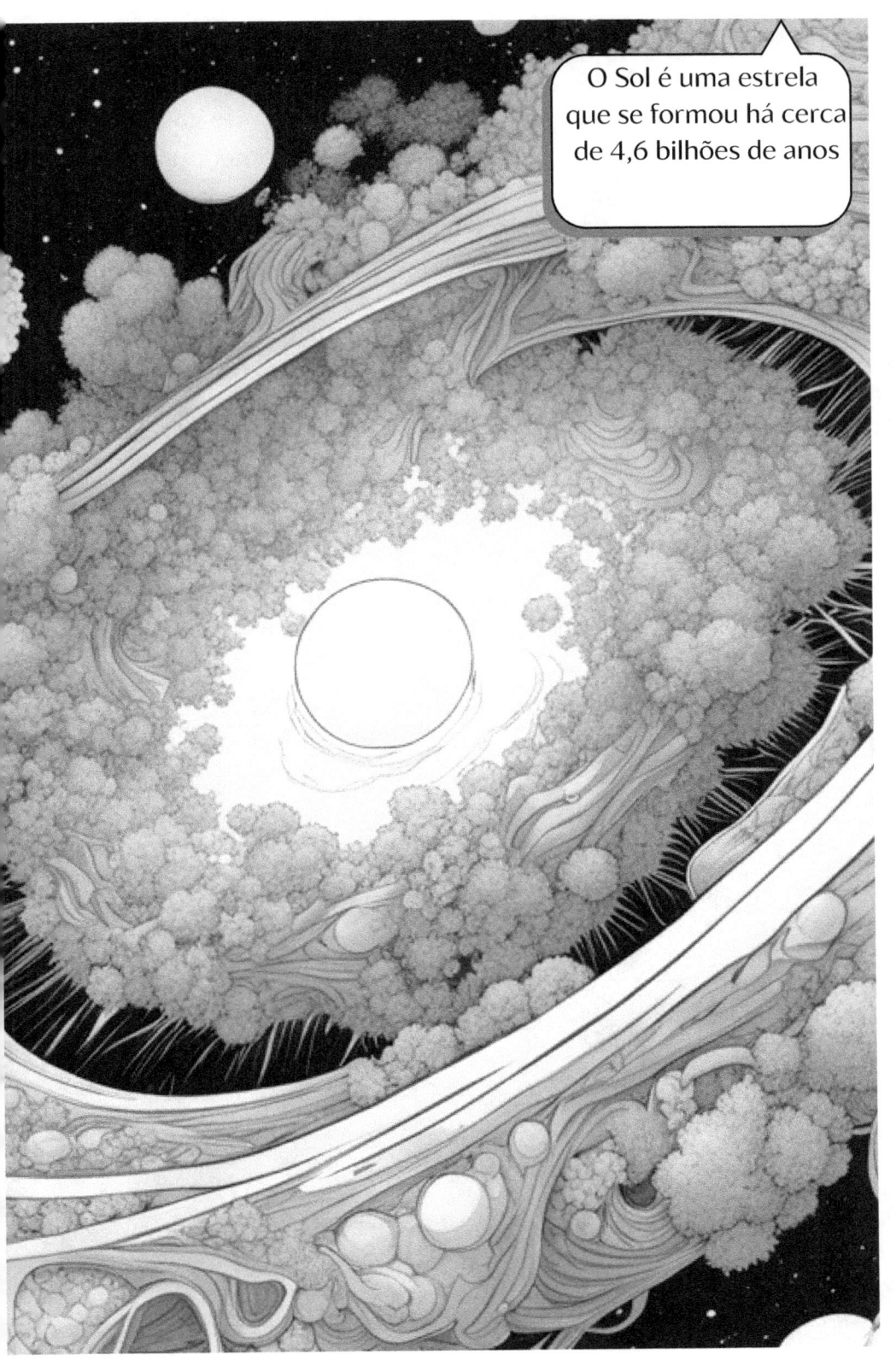

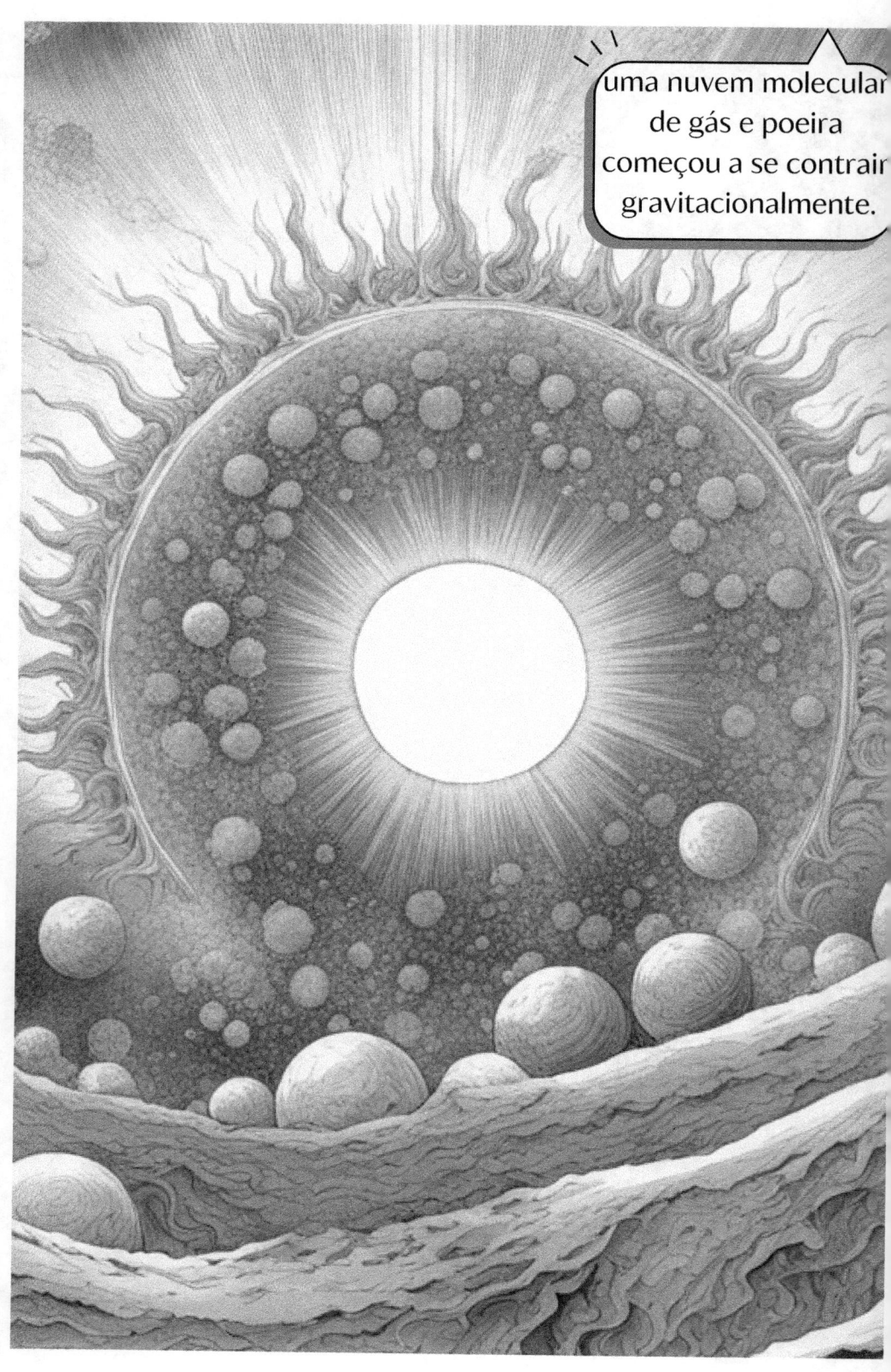

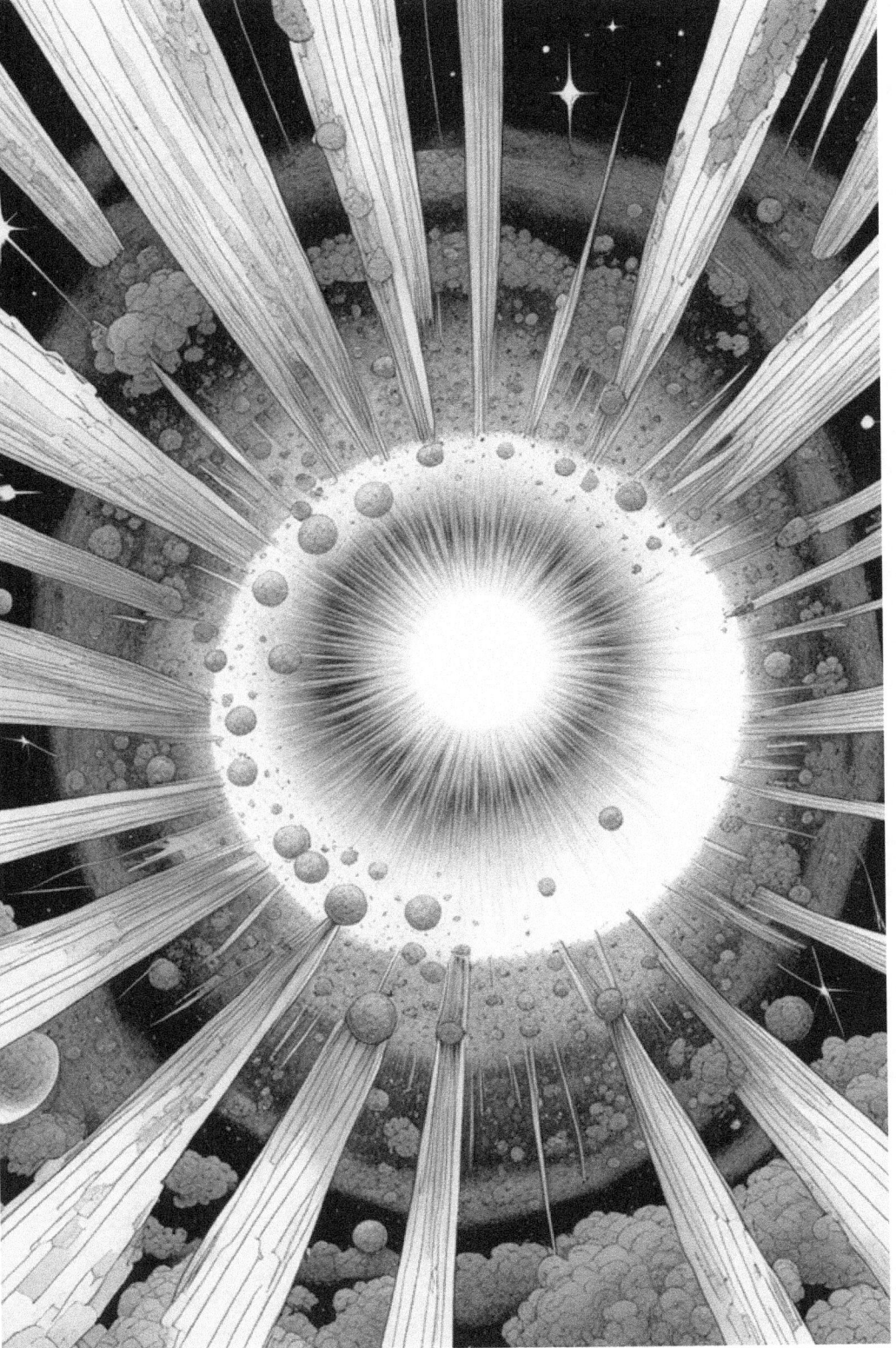

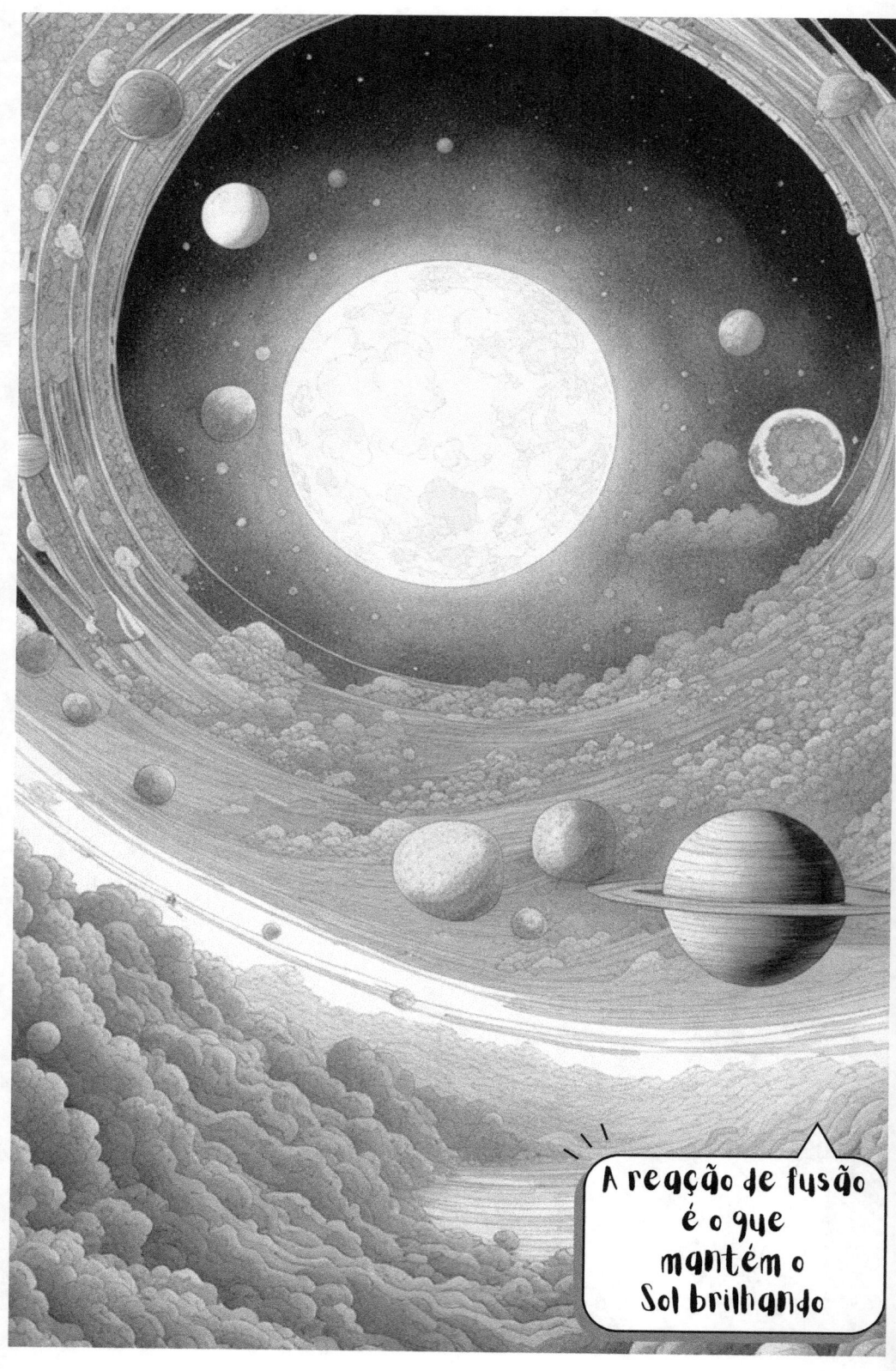

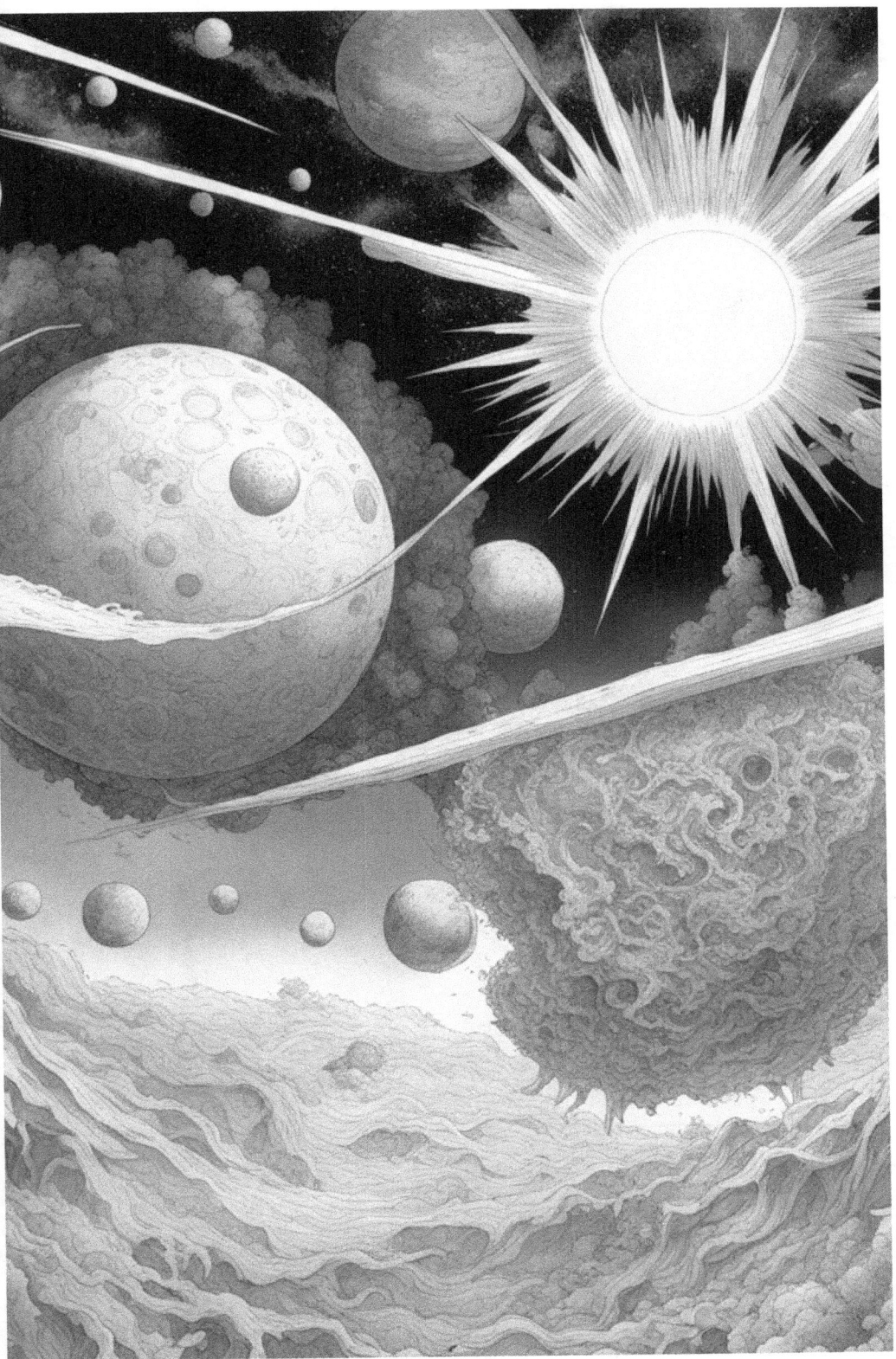

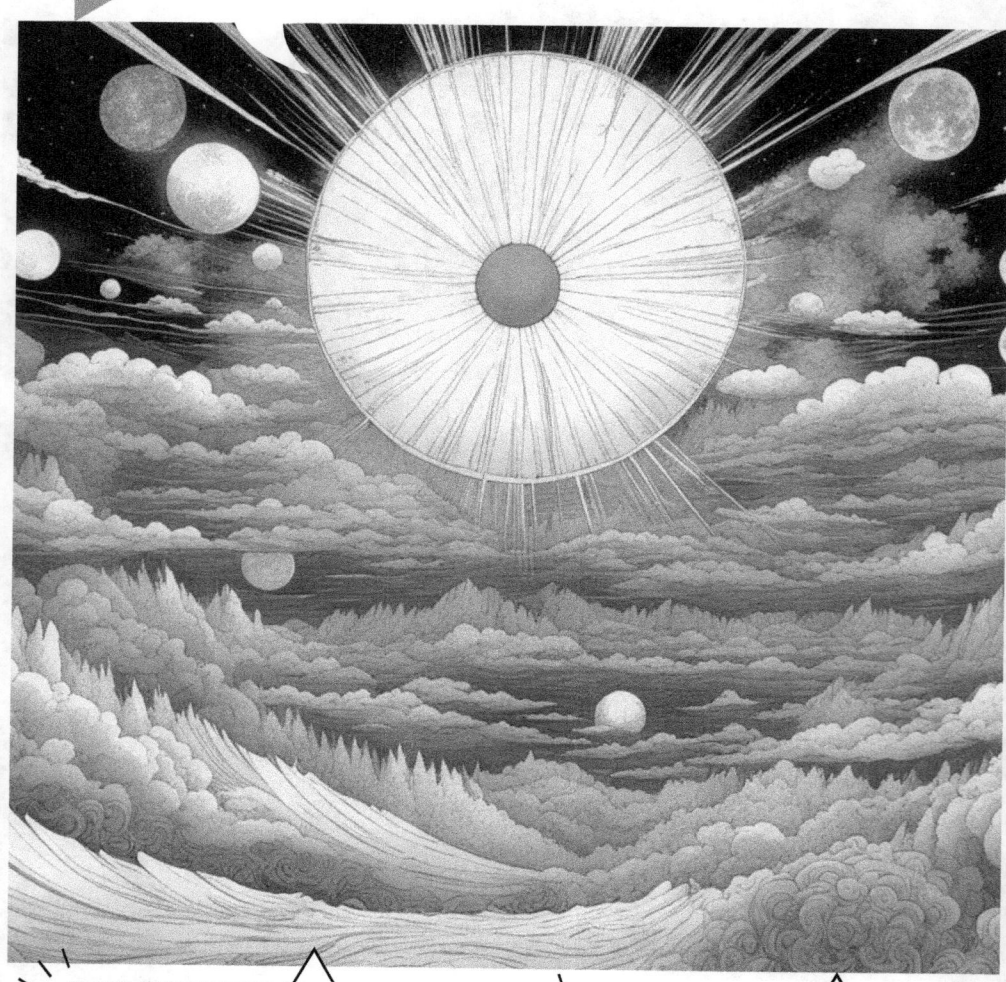

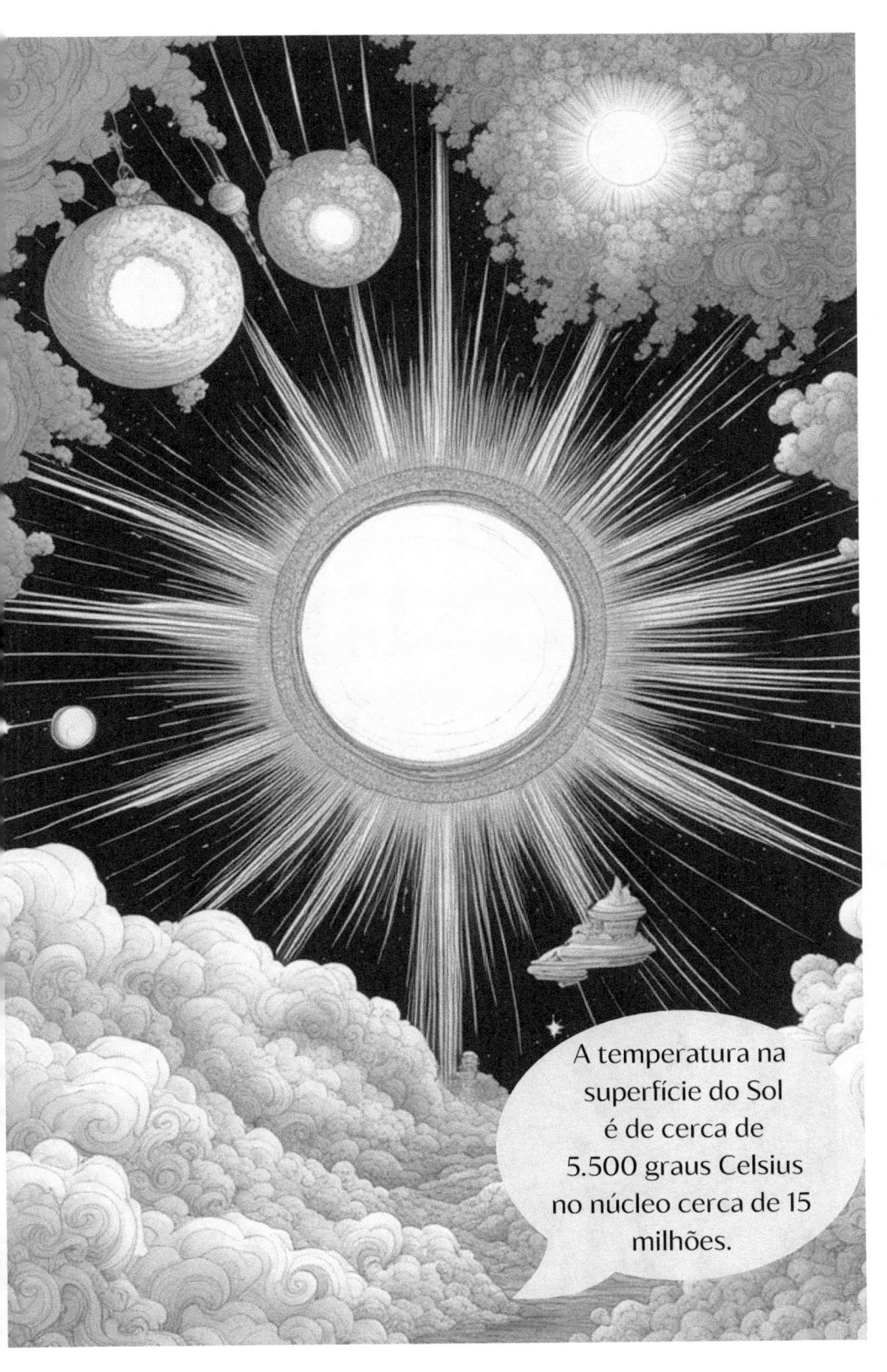

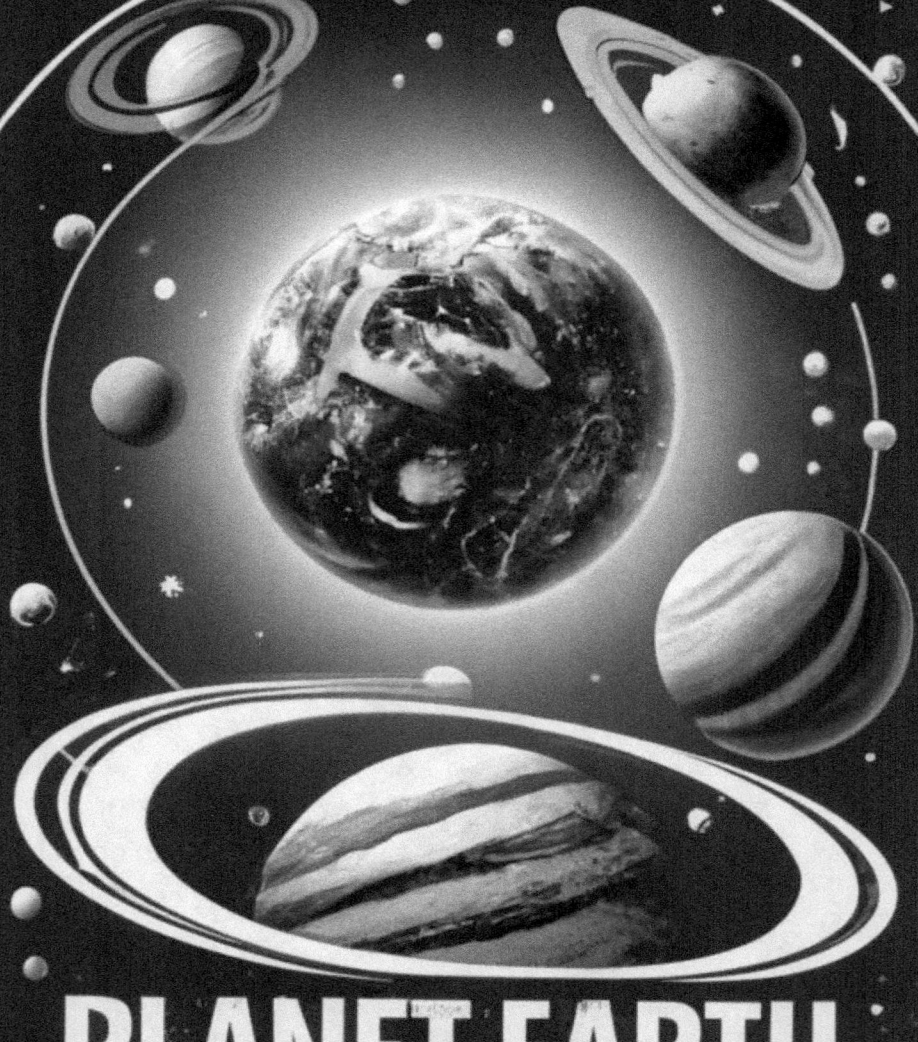

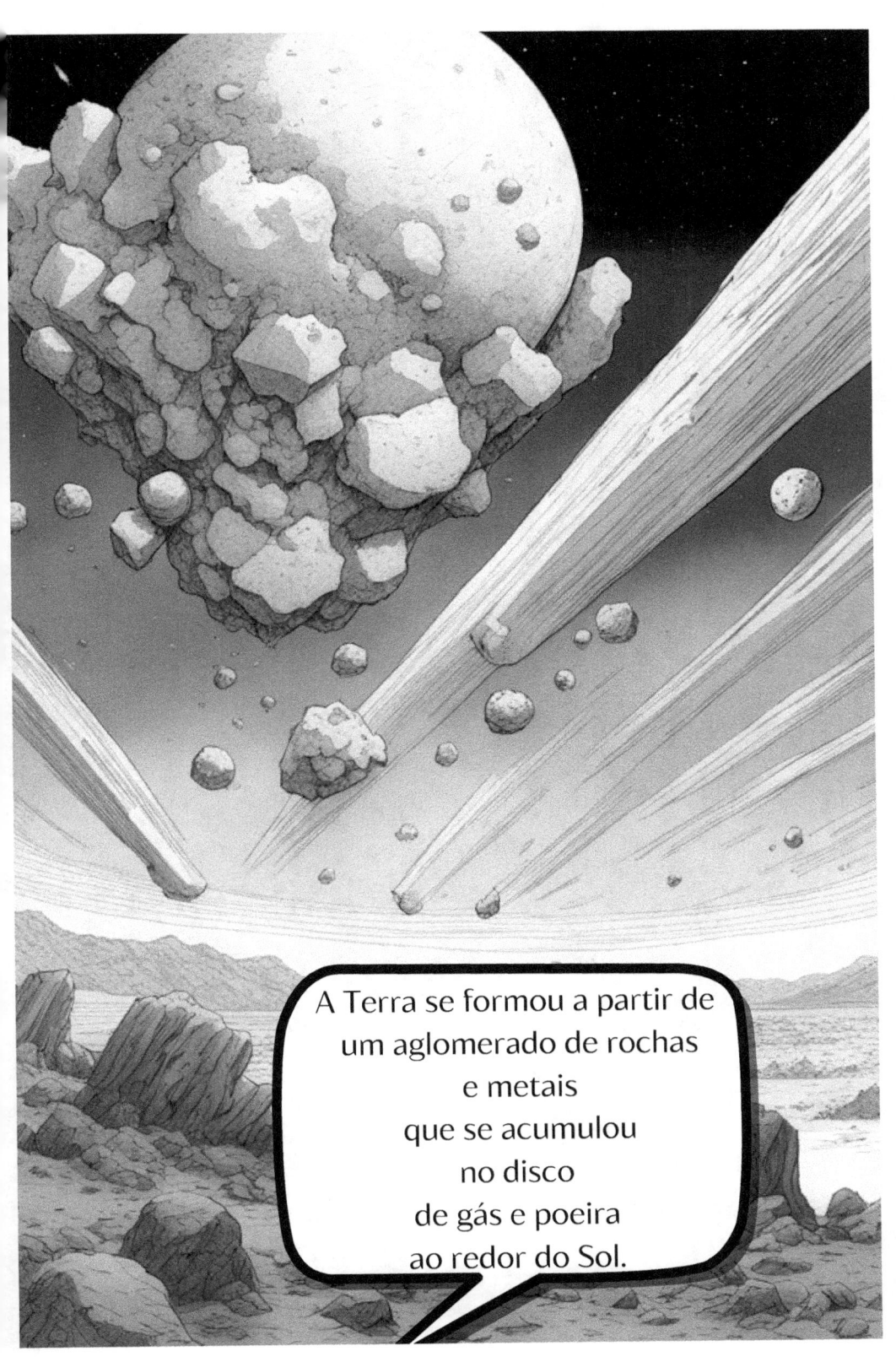

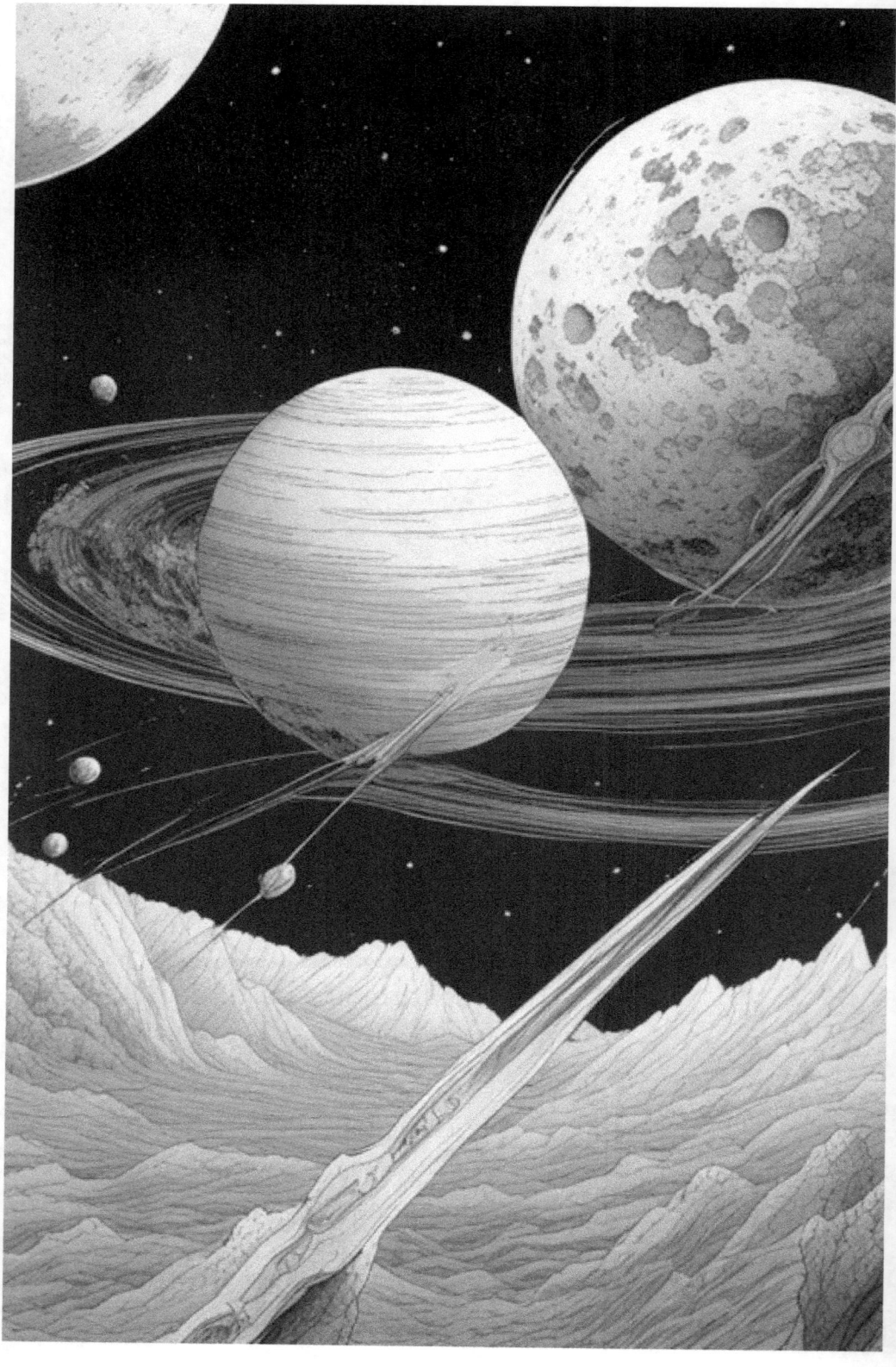

Dois planetas que orbitavam o Sol: a Terra e Théia.
Théia desviou de sua órbita e colidiu com a Terra.
O impacto foi tão violento que lançou rochas e poeira para o espaço.

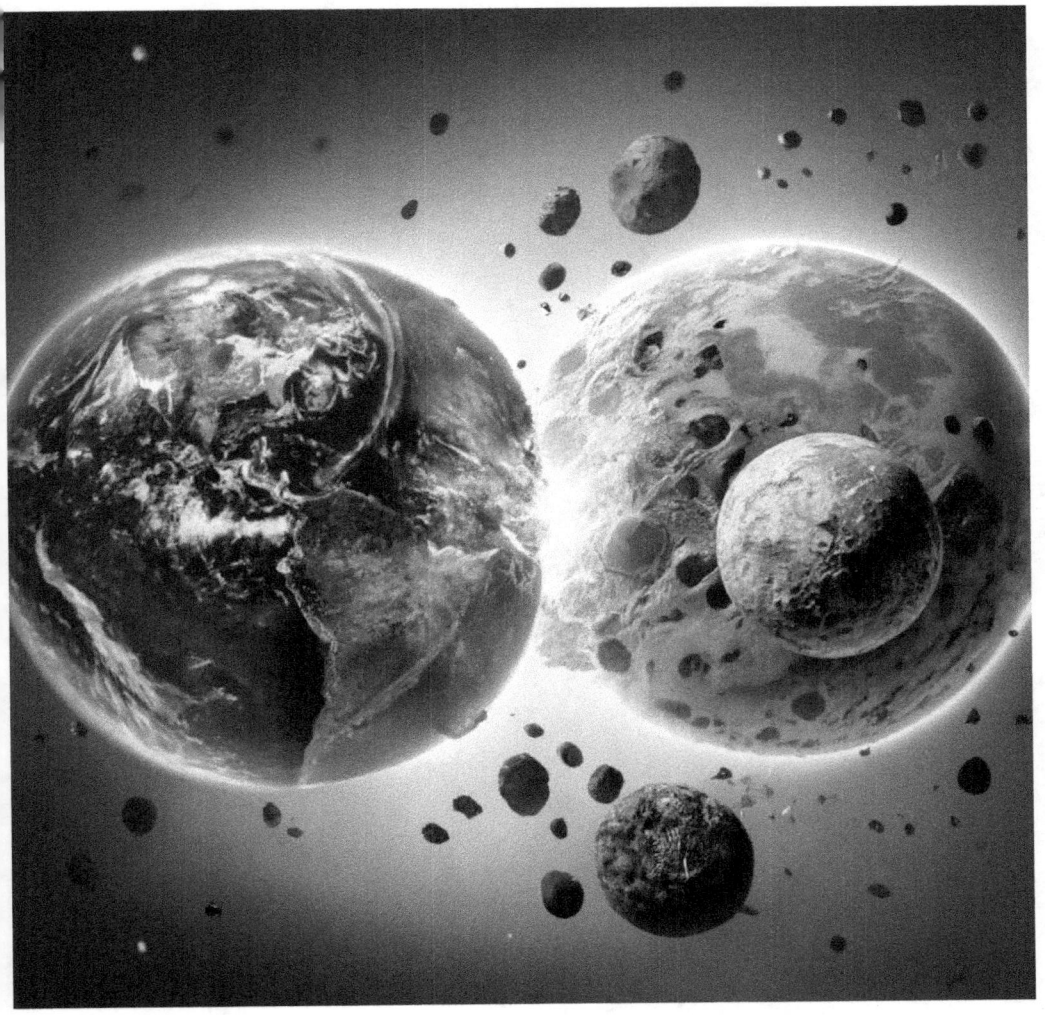

Essas rochas e poeira se juntaram e formaram a Lua. A Lua é um satélite natural da Terra, e ela orbita ao redor da Terra.
O impacto também mudou a órbita da Terra. Antes do impacto, a Terra orbitava o Sol em uma órbita oval.
Depois do impacto, a Terra passou a orbitar o Sol em uma órbita circular.

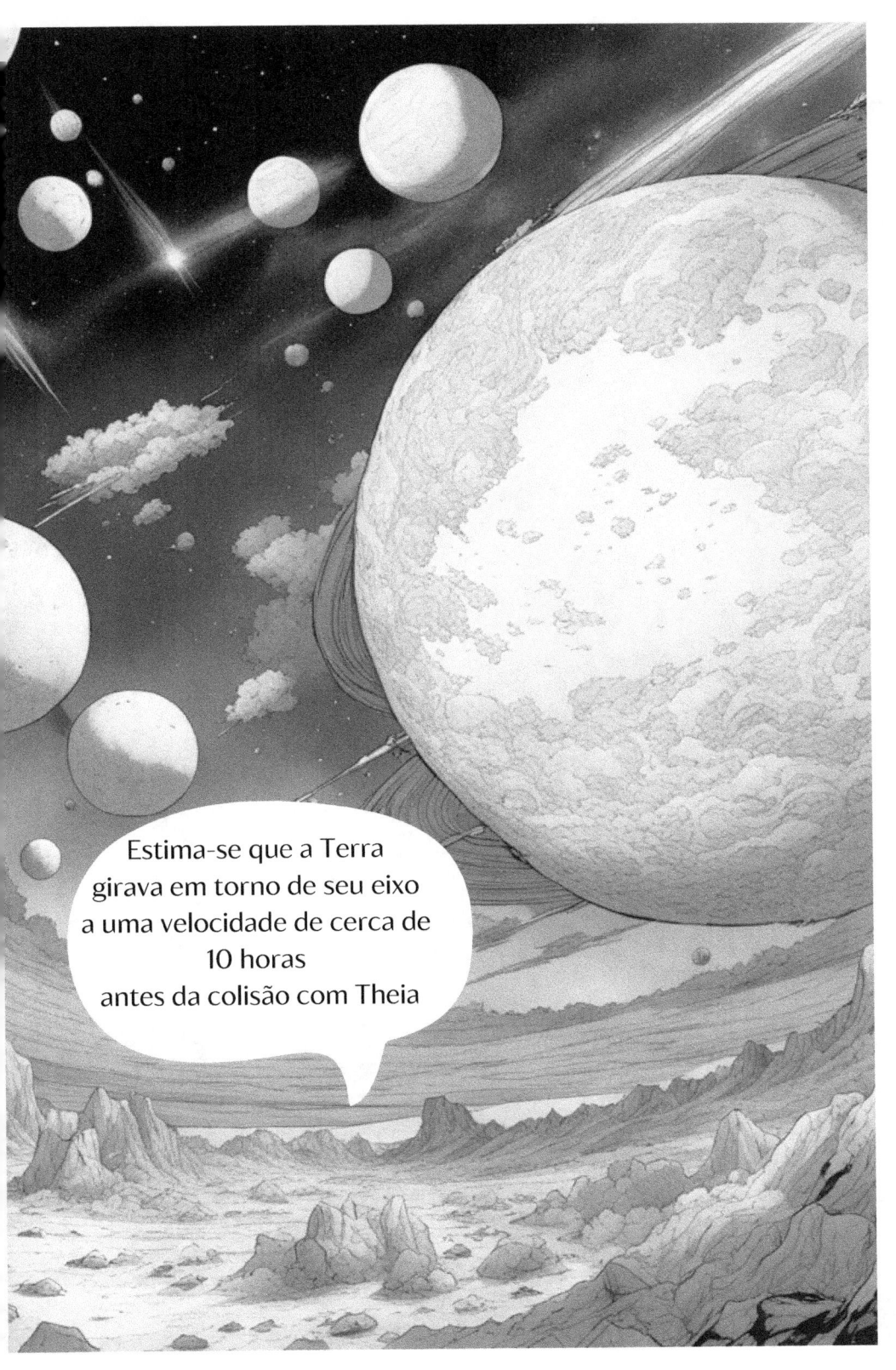

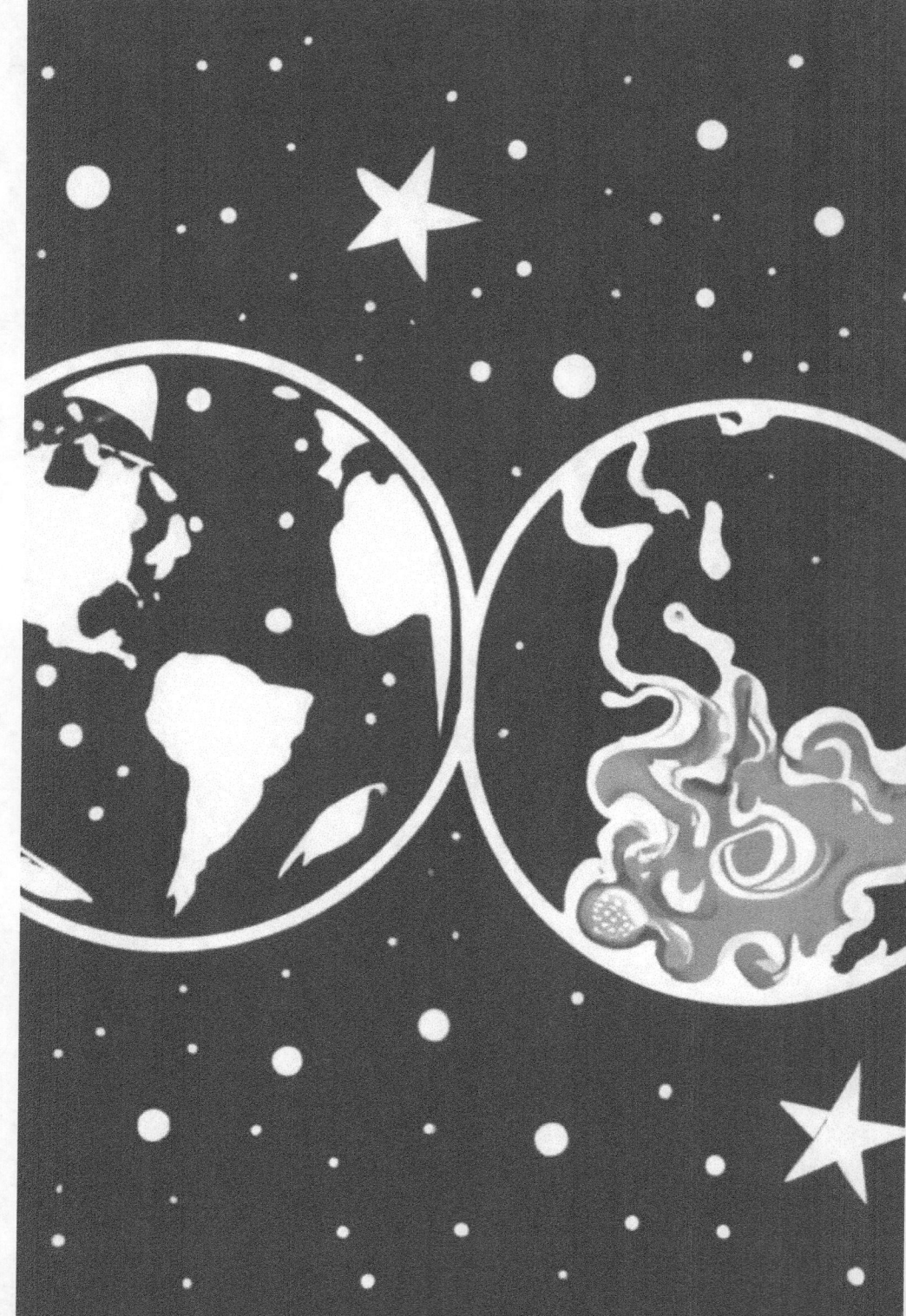

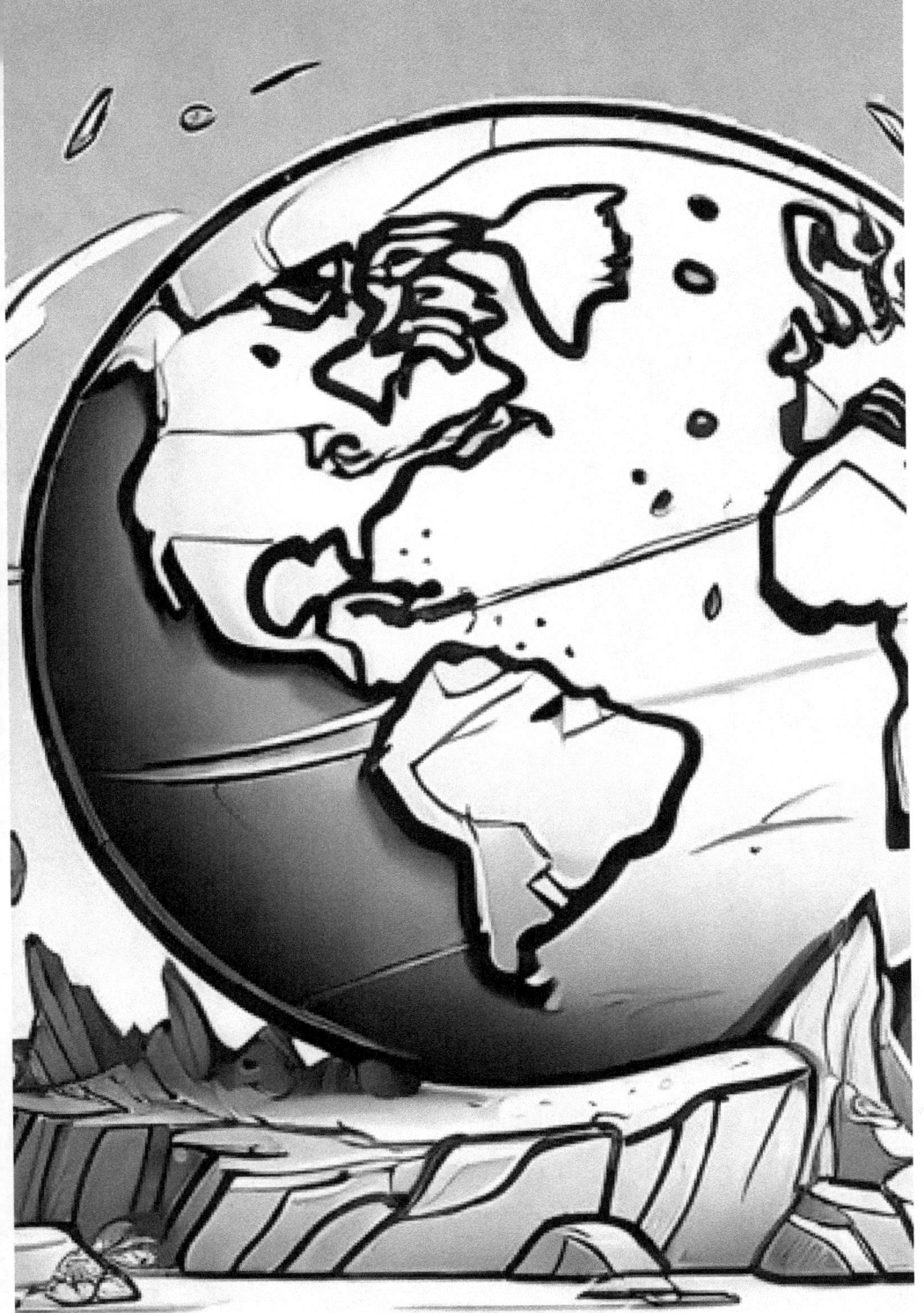

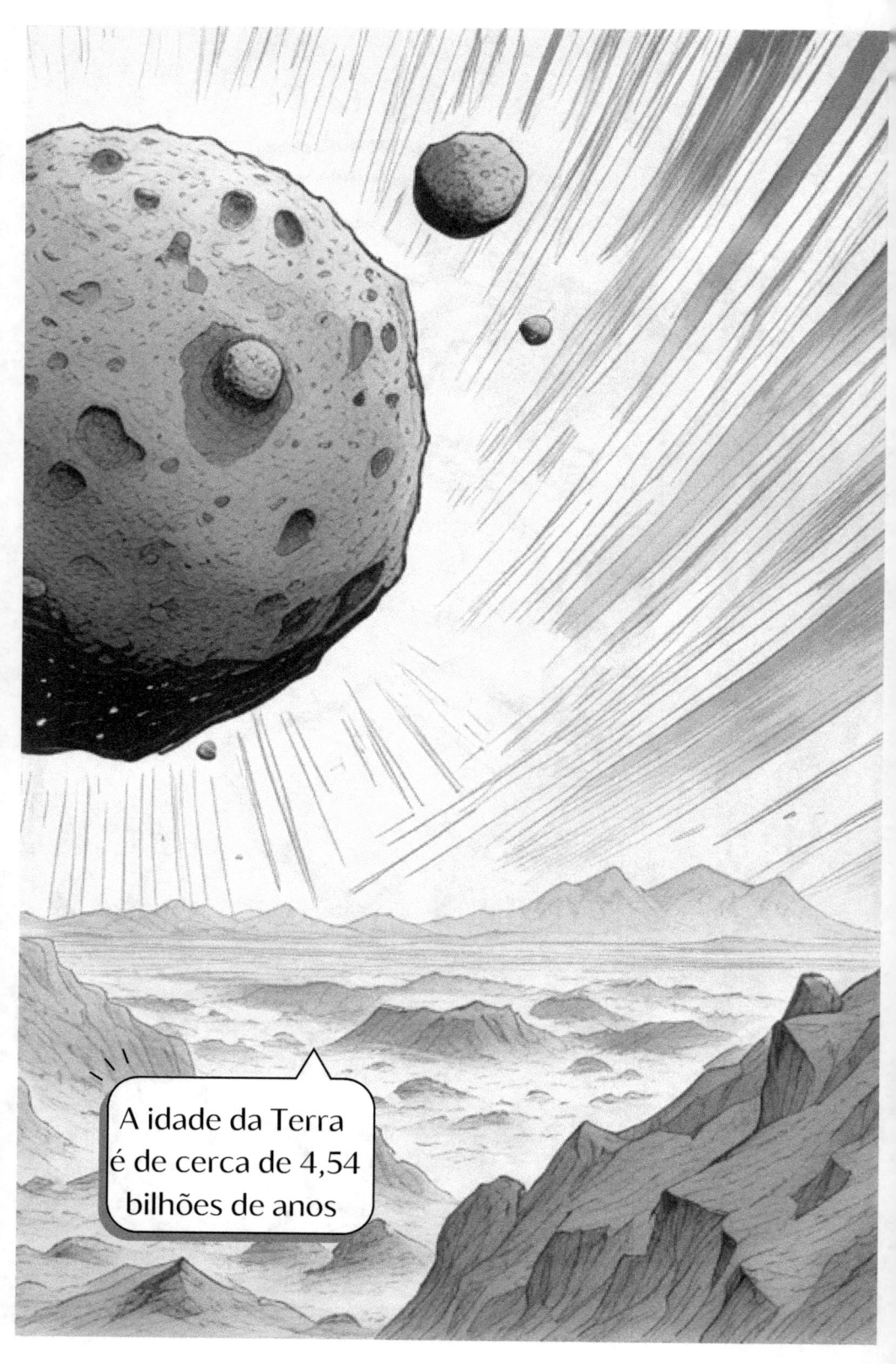

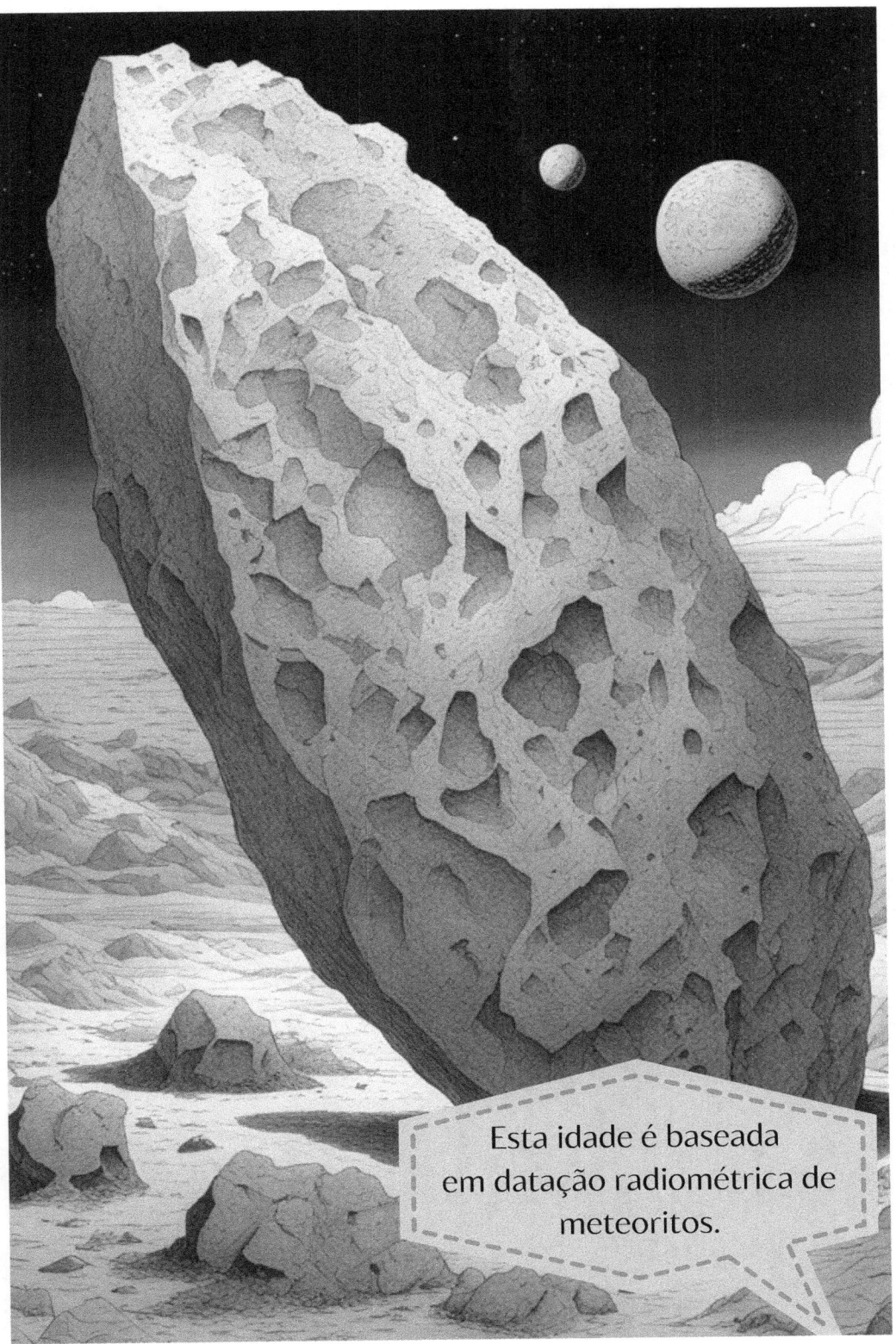

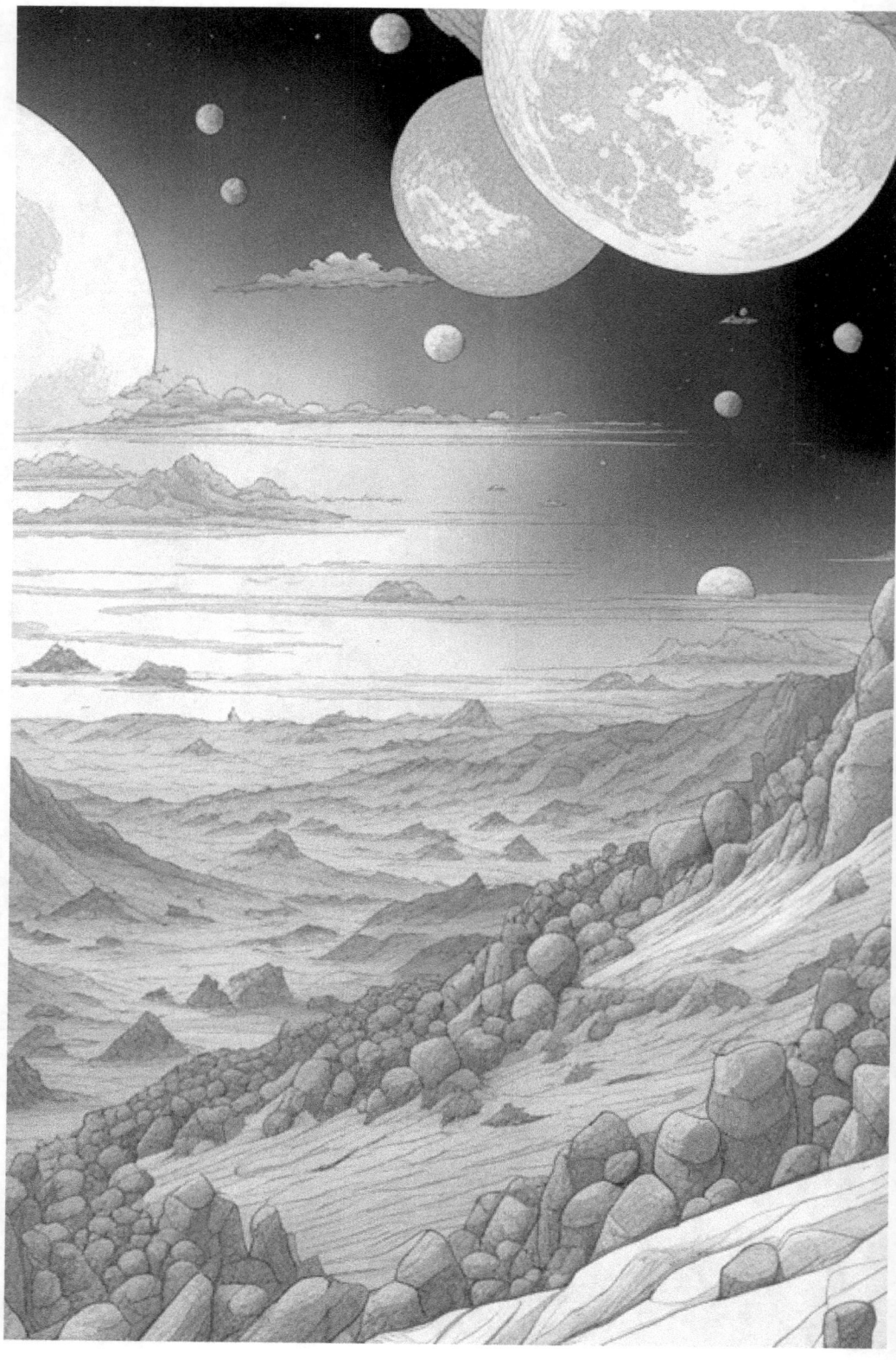

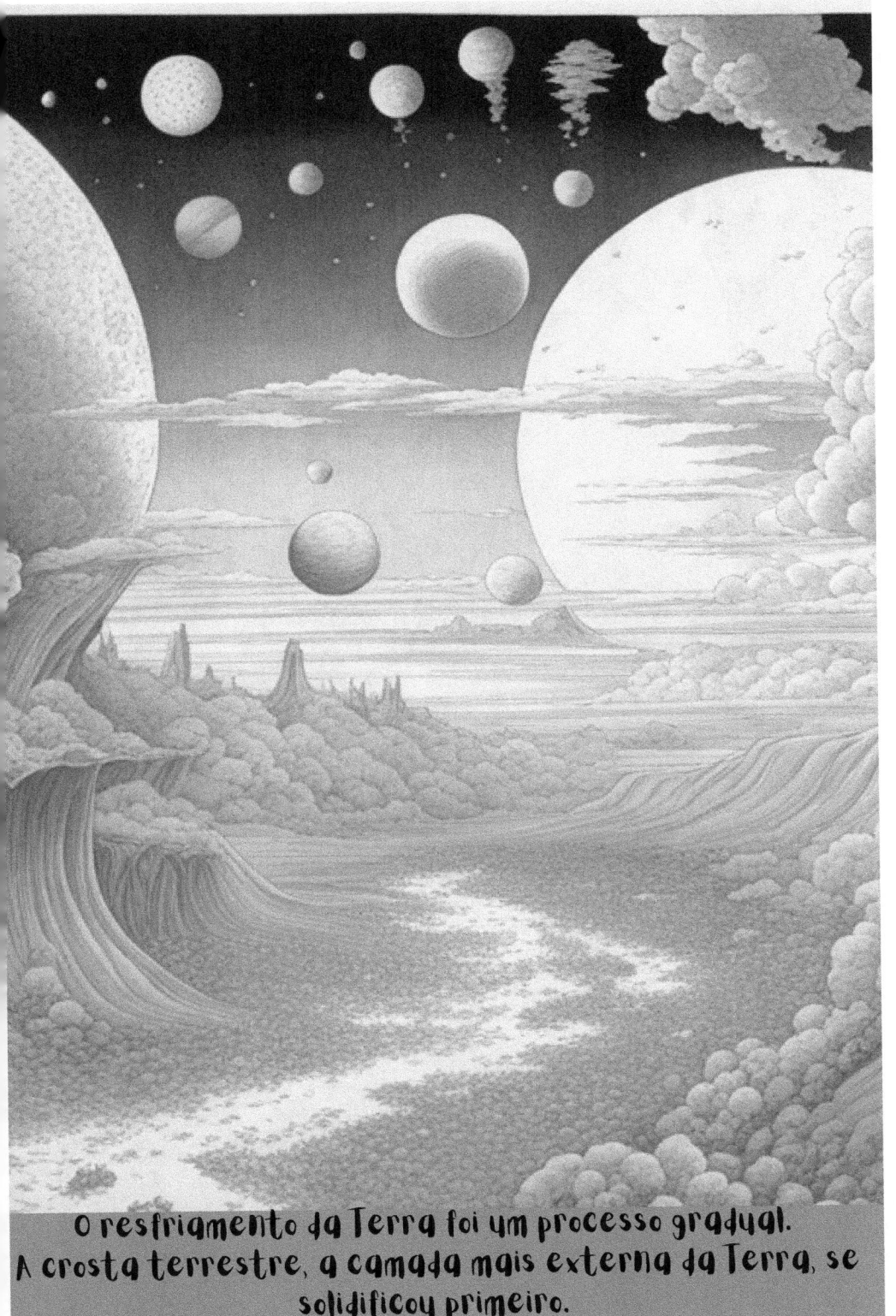

O resfriamento da Terra foi um processo gradual. A crosta terrestre, a camada mais externa da Terra, se solidificou primeiro.

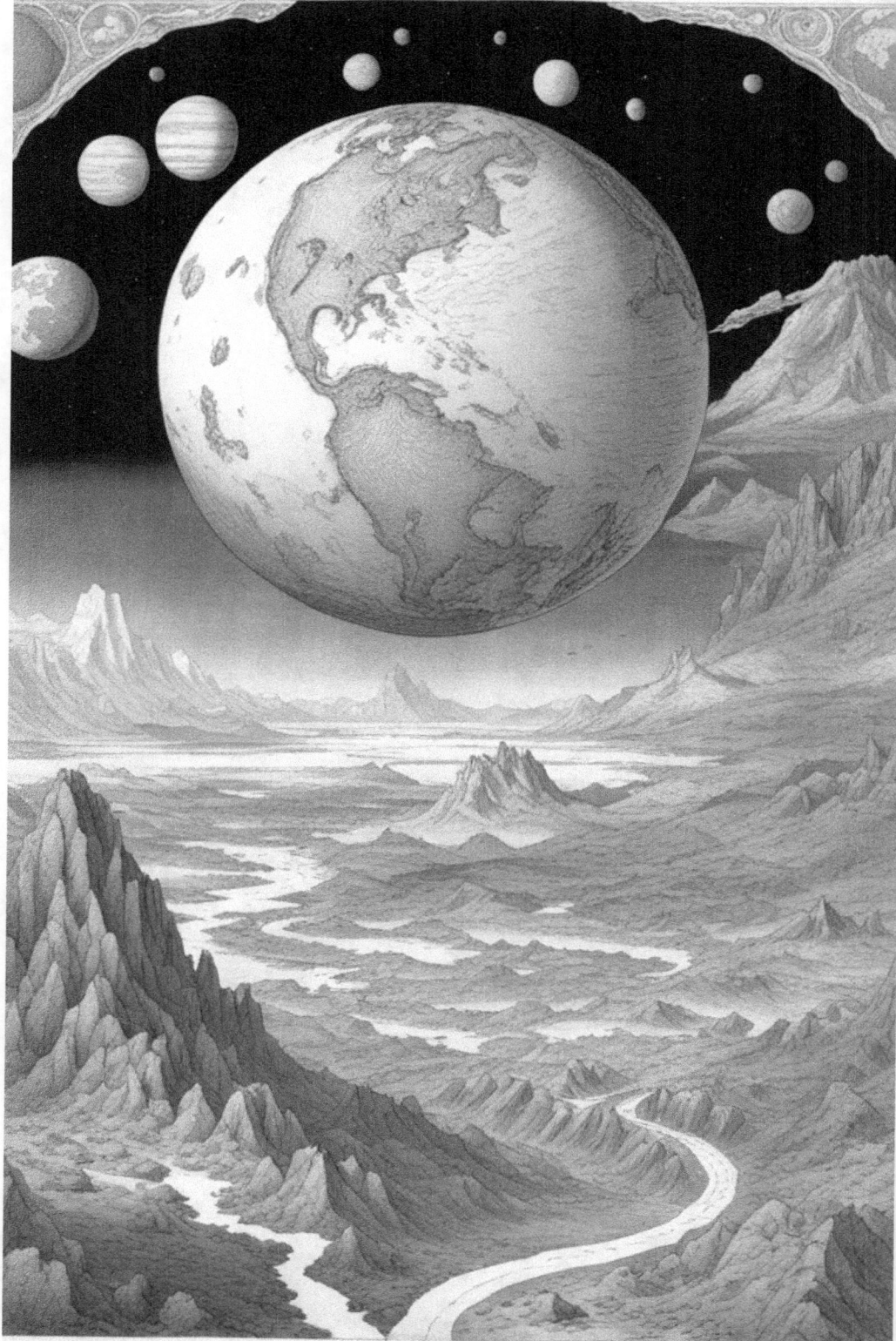

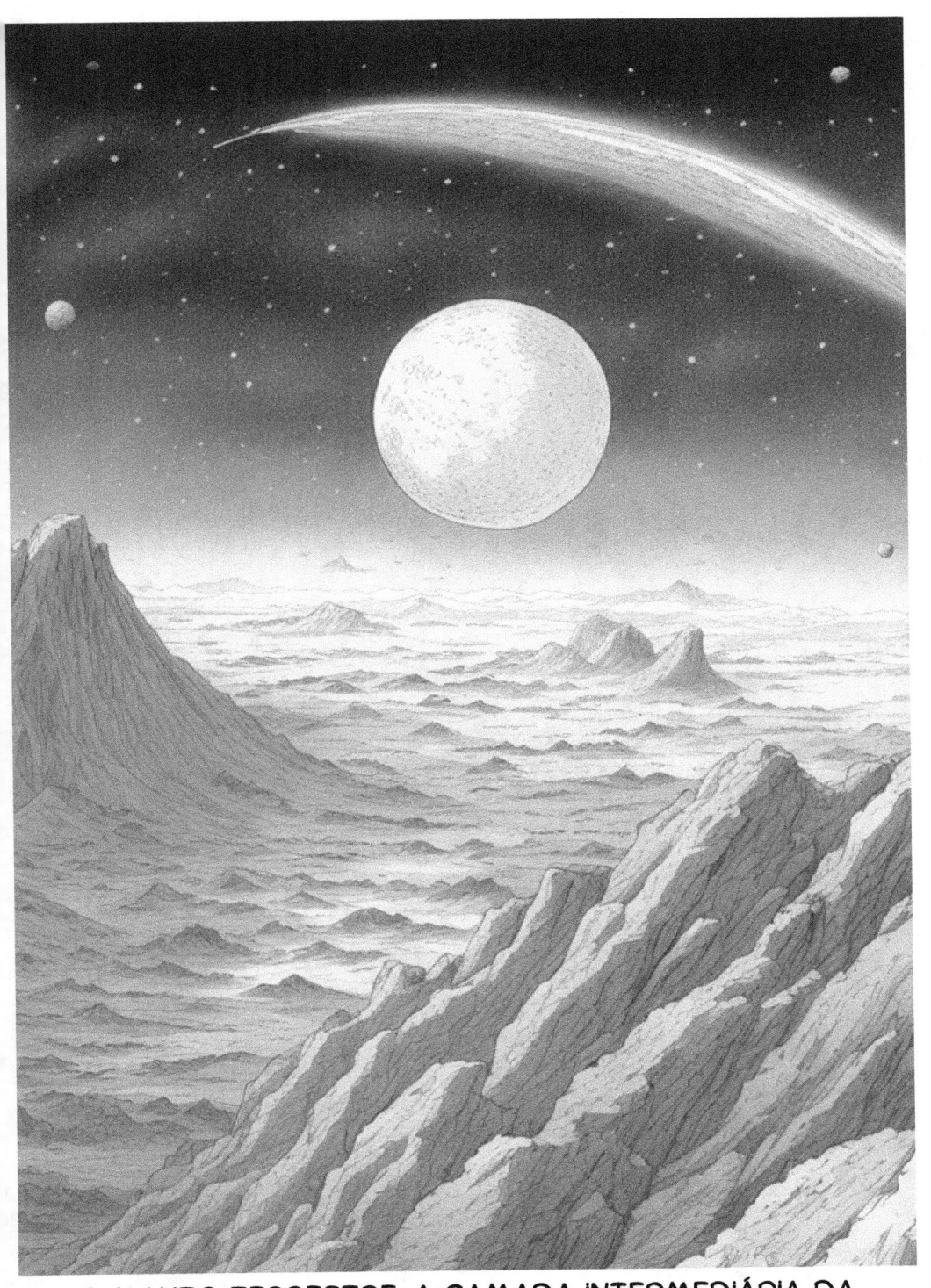

O MANTO TERRESTRE, A CAMADA INTERMEDIÁRIA DA TERRA, CONTINUOU A ESFRIAR E SOLIDIFICAR POR BILHÕES DE ANOS.

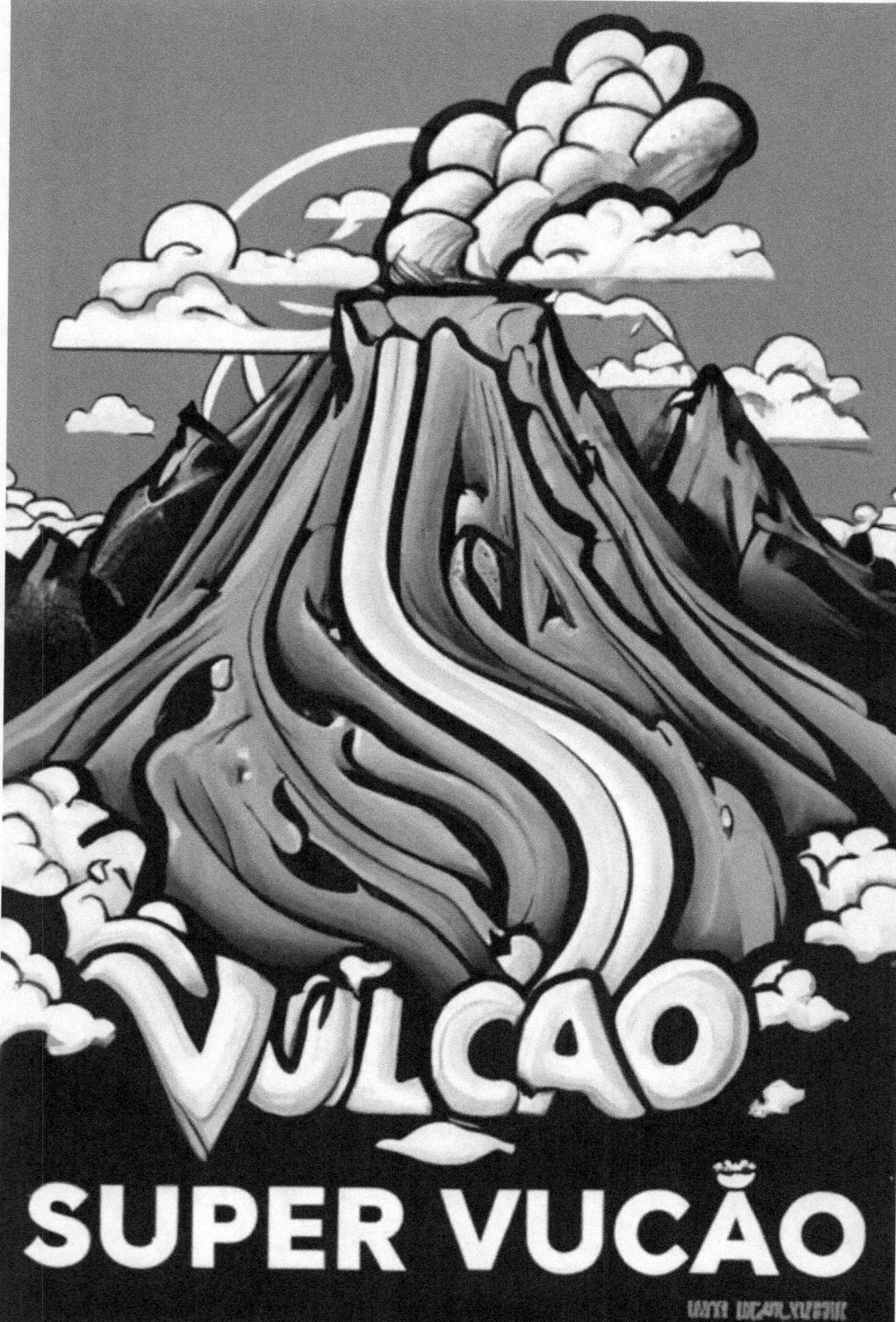

A formação dos supervulcões ocorre em áreas onde a crosta terrestre é muito fina e fraca. Nessas áreas, o magma pode chegar à superfície com facilidade, formando grandes caldeiras.

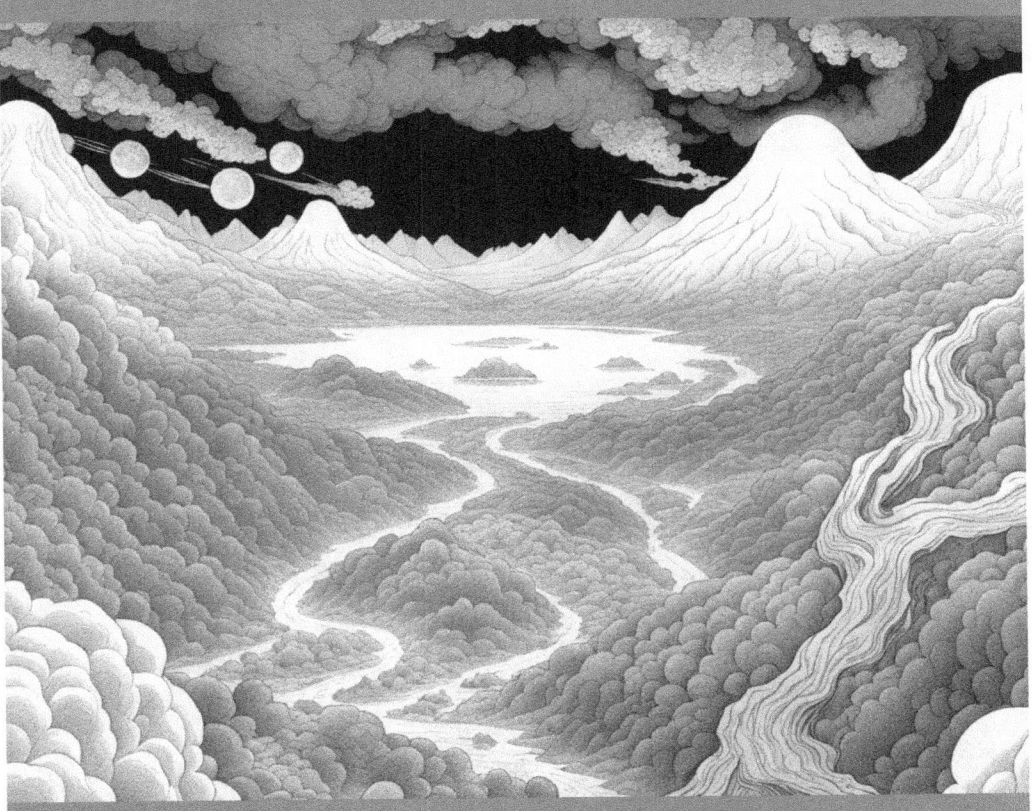

Os supervulcões ejetam grandes quantidades de gases para a atmosfera, incluindo dióxido de carbono, metano e vapor de água. Esses gases ajudam a formar a atmosfera da Terra, que é essencial para a vida.

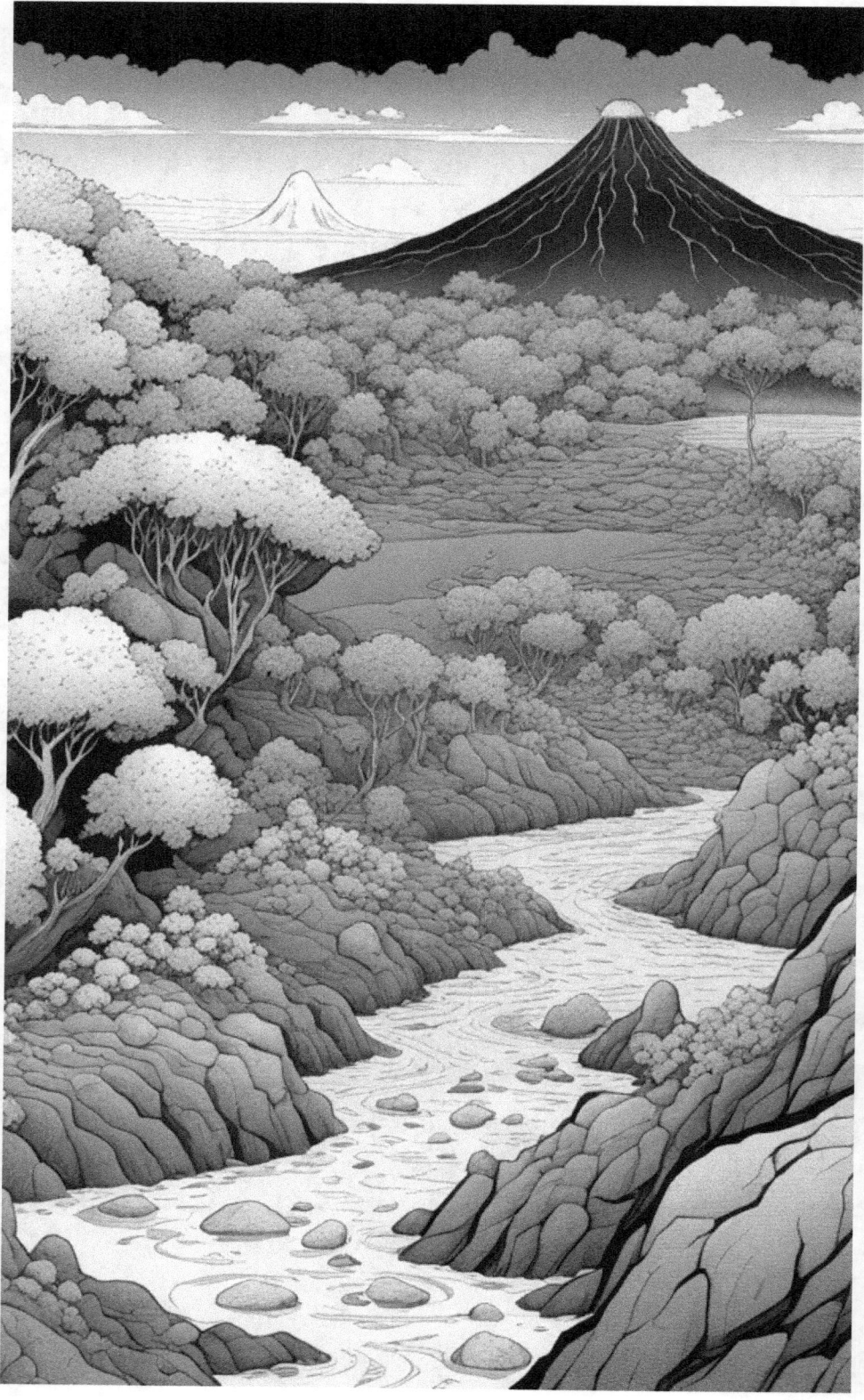

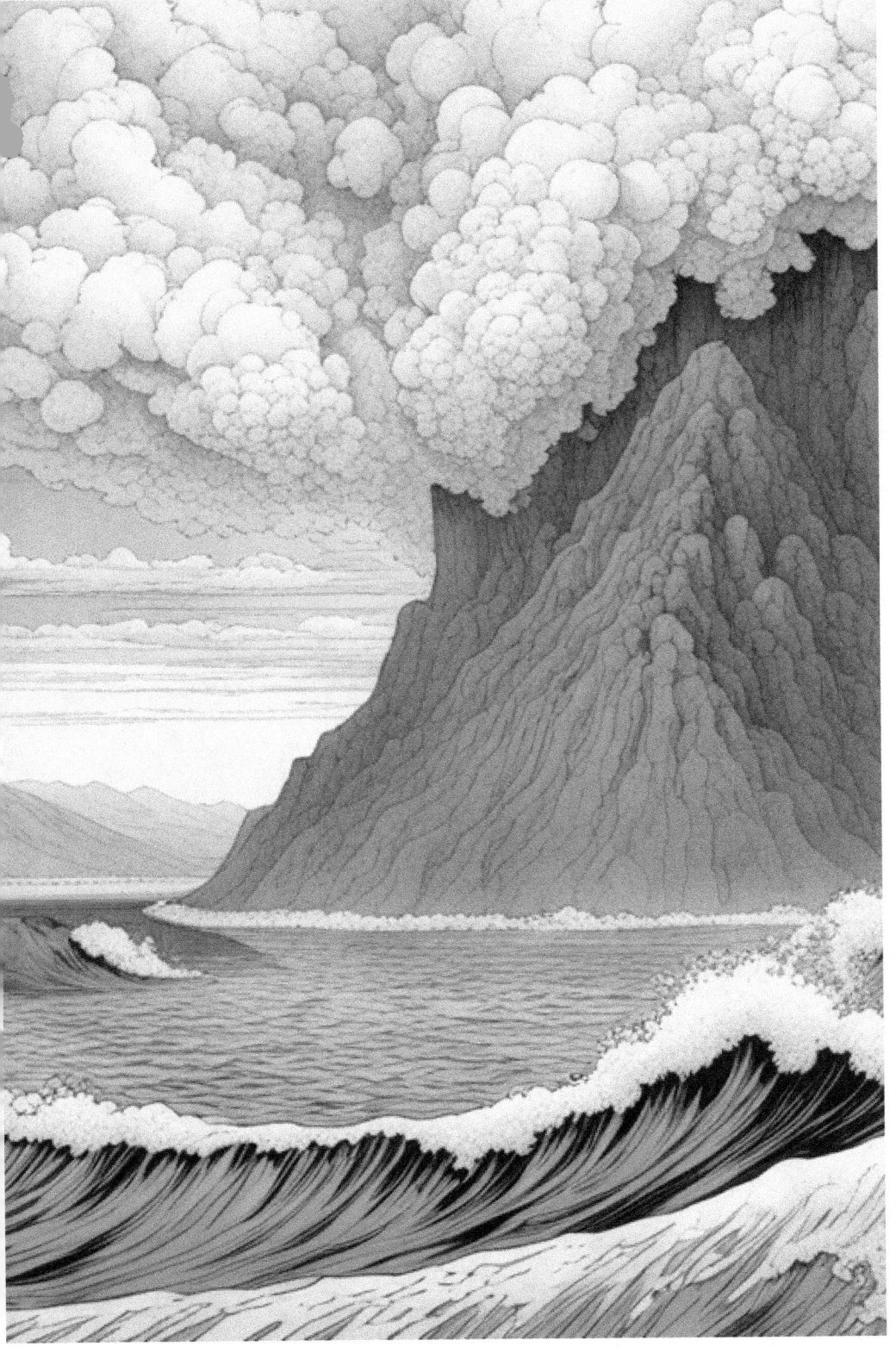

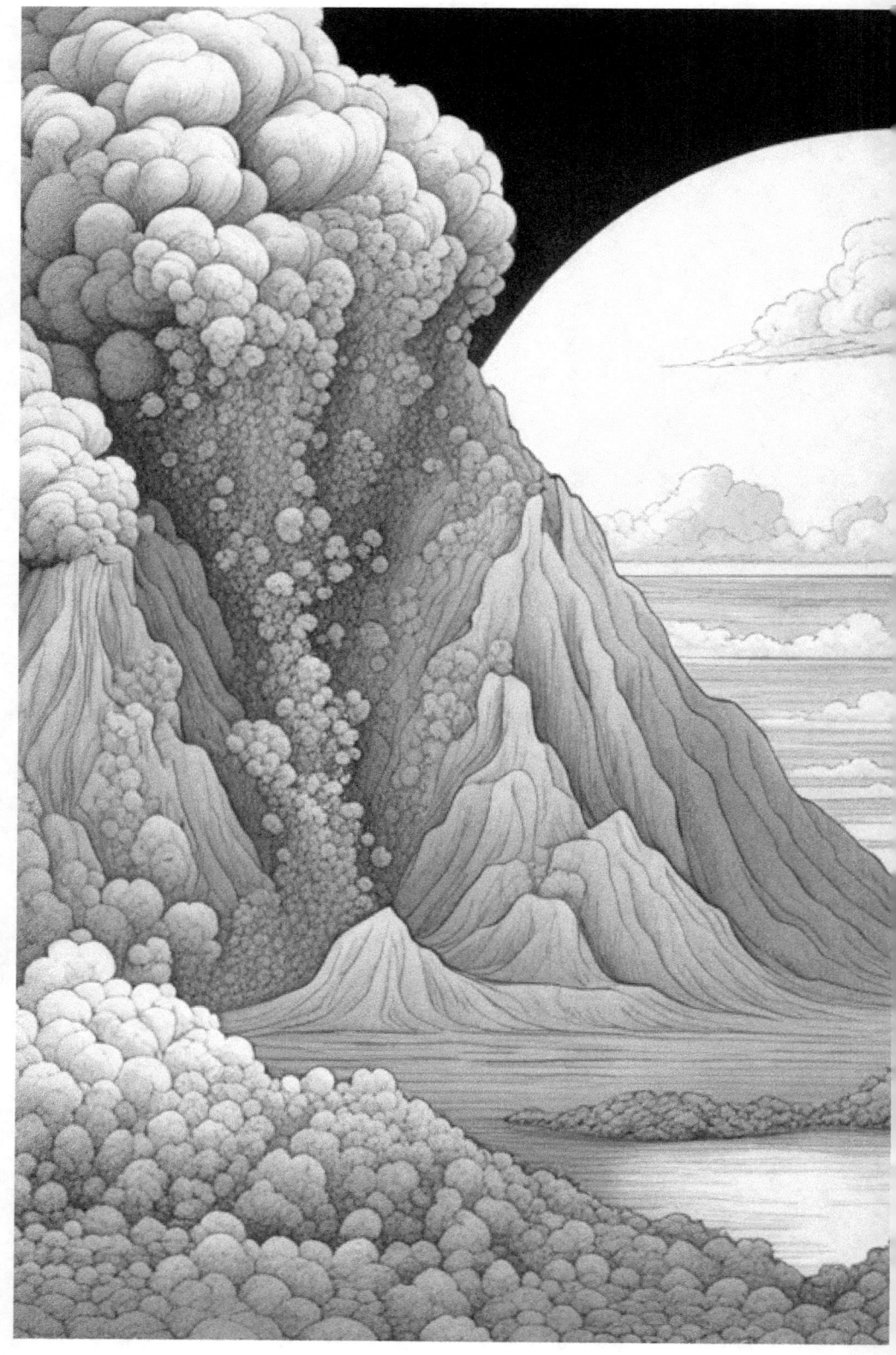

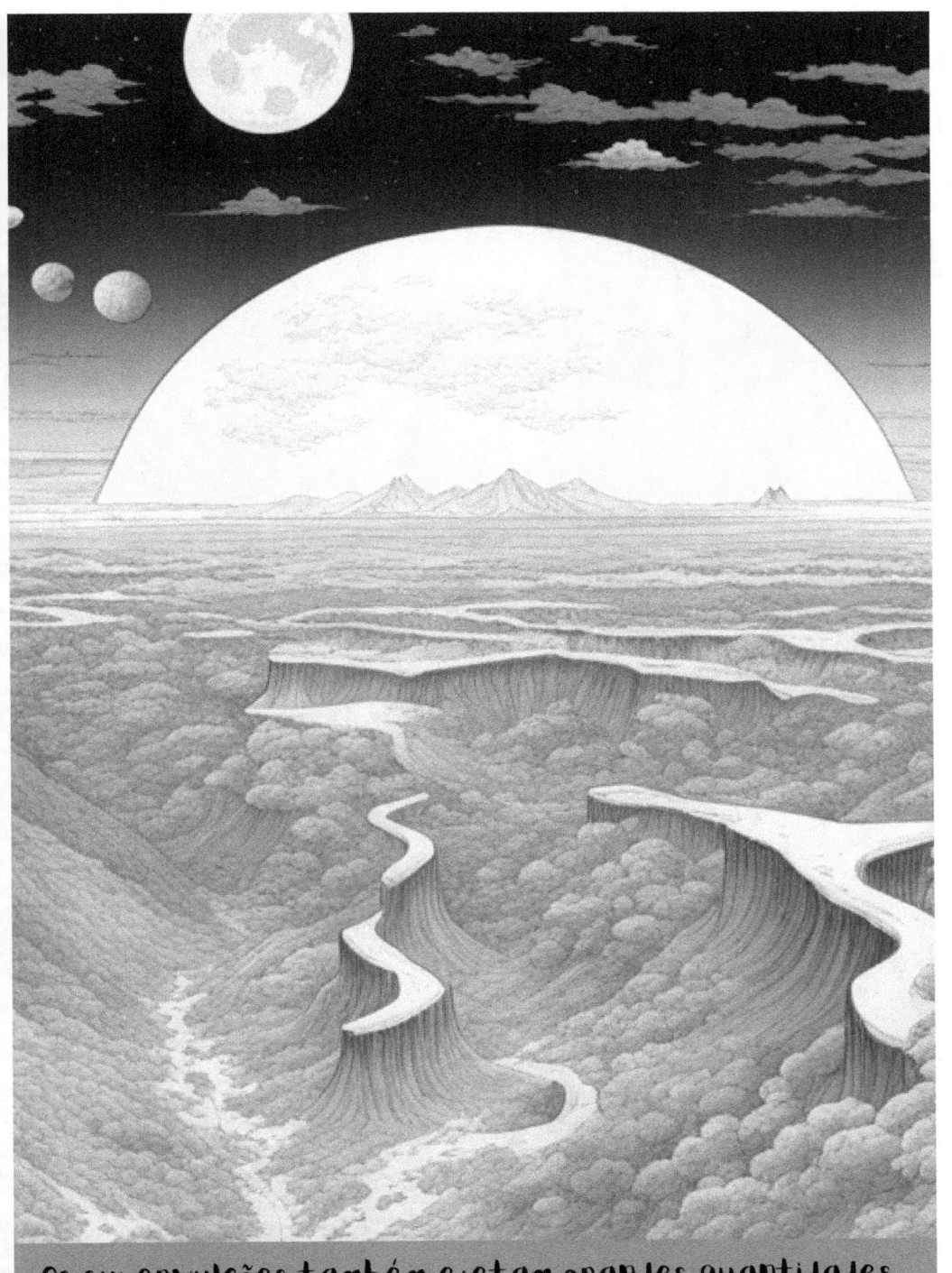

Os supervulcões também ejetam grandes quantidades de água para a atmosfera. Essa água pode se condensar e formar nuvens, que podem levar à chuva.

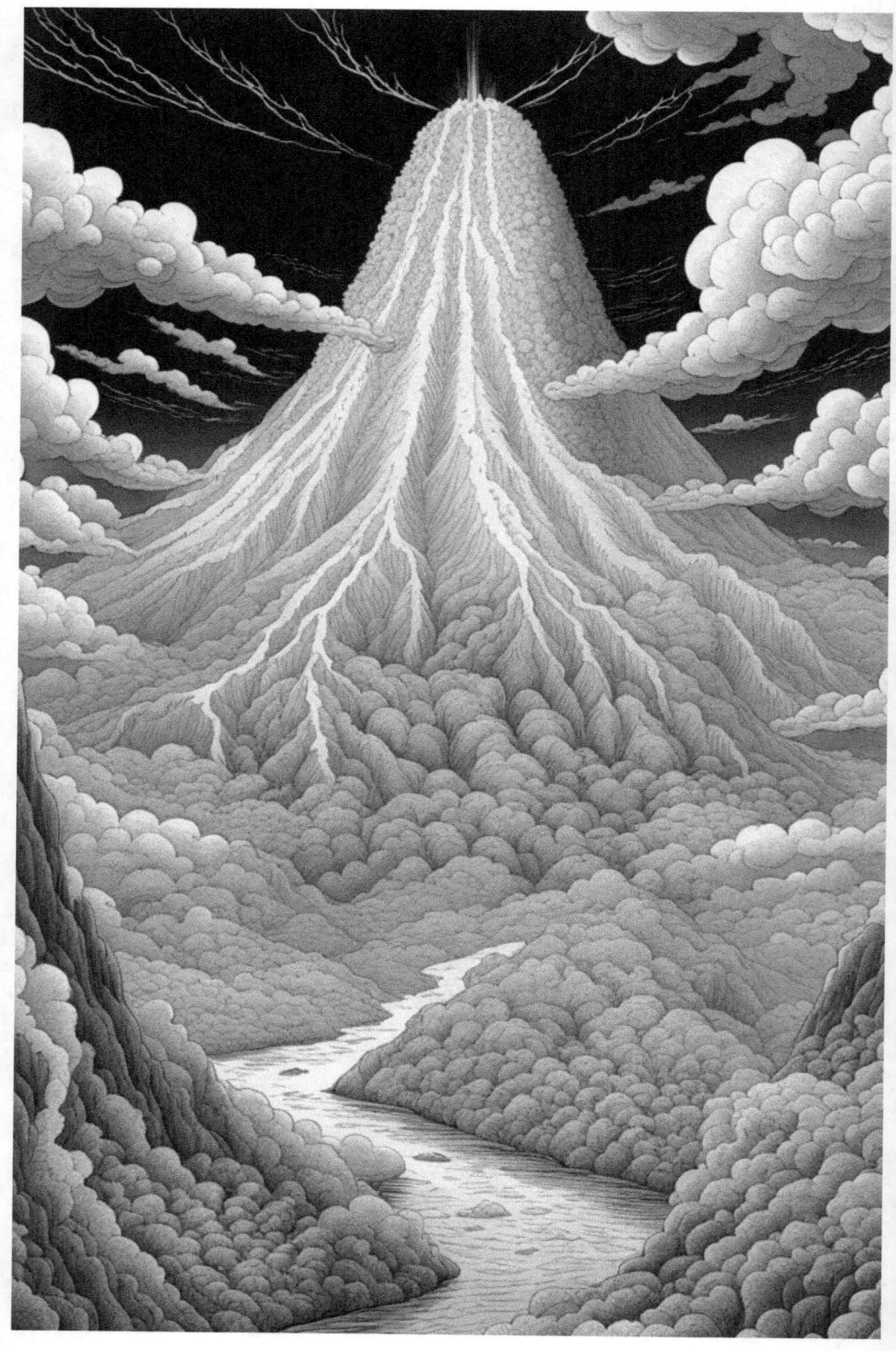

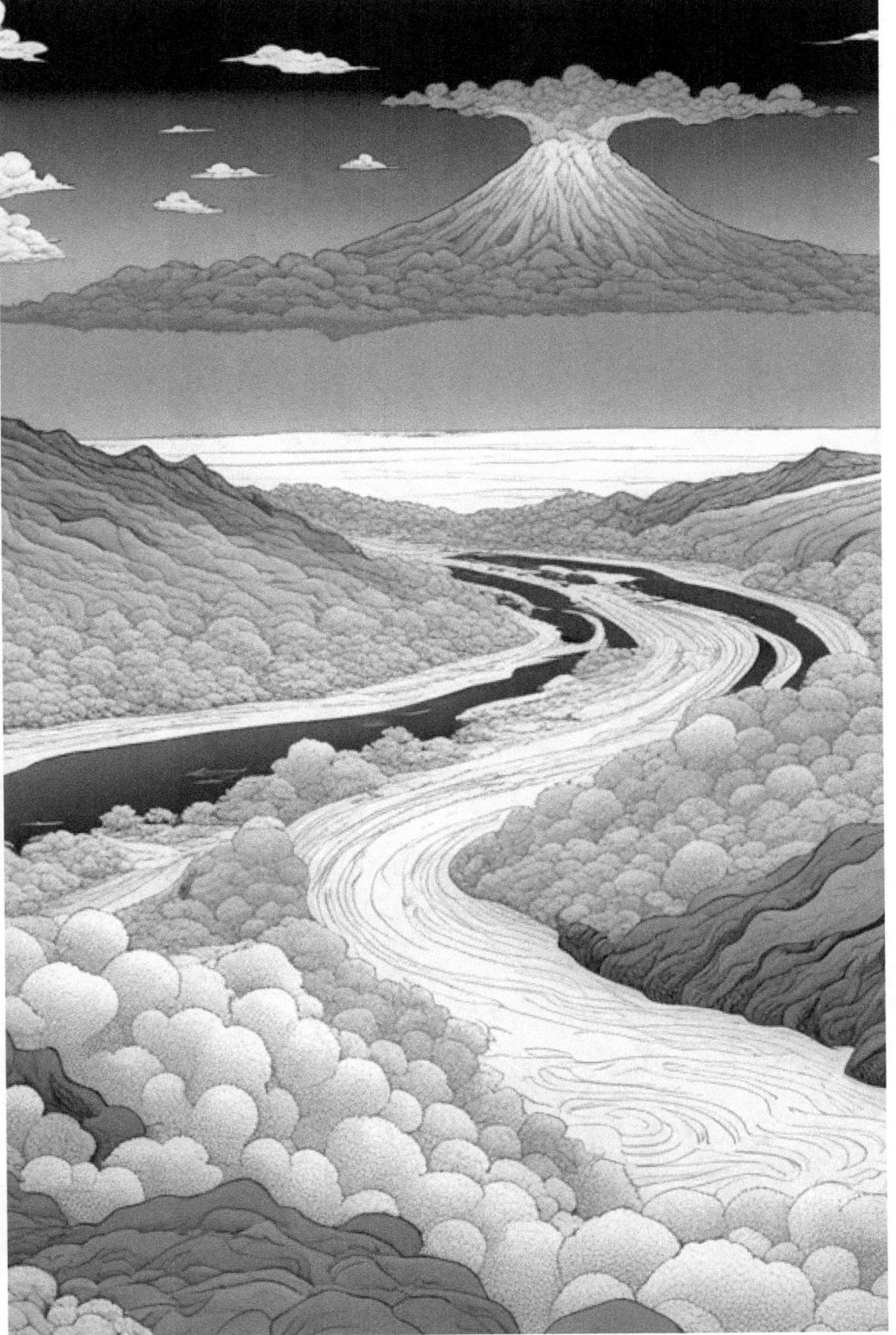

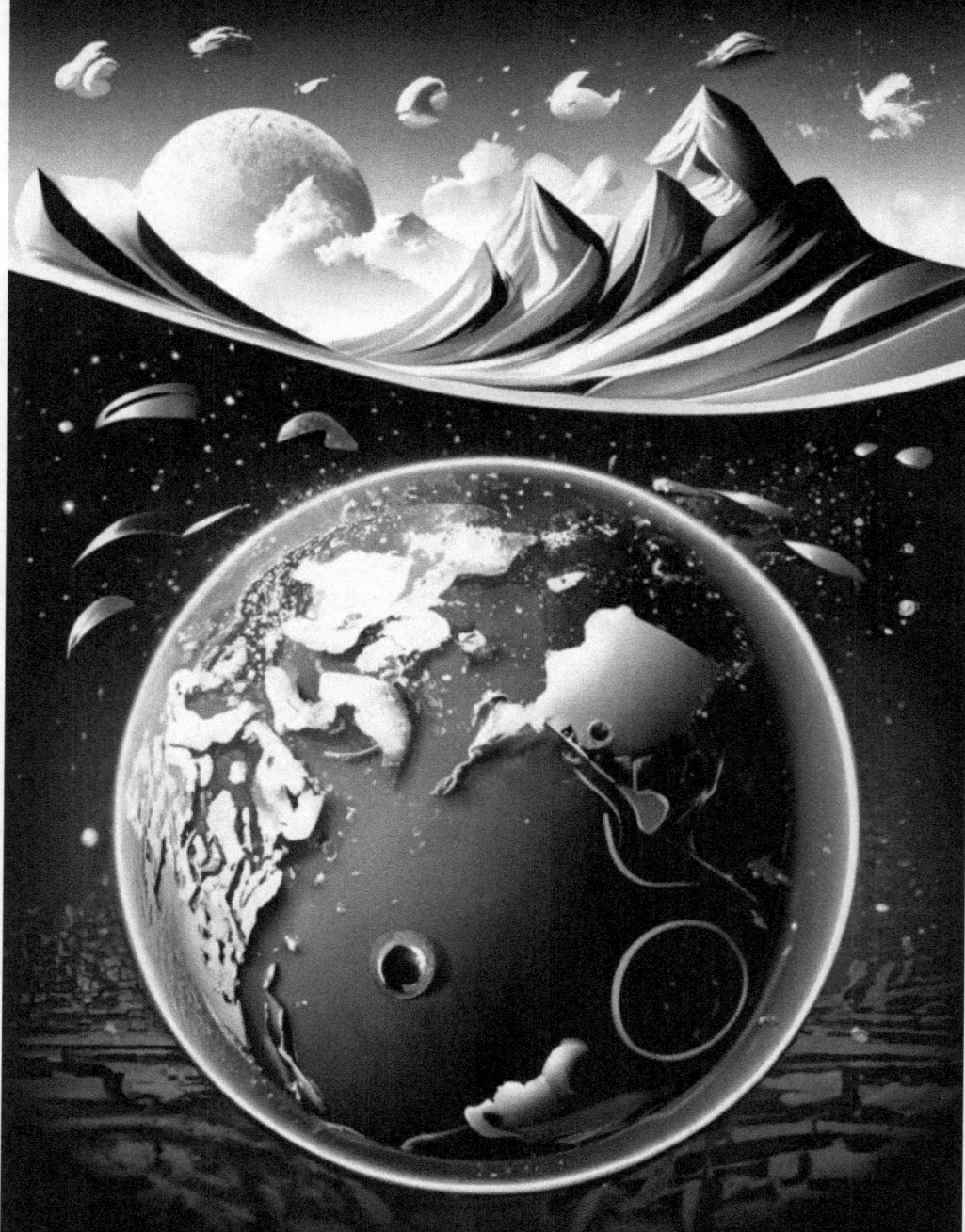

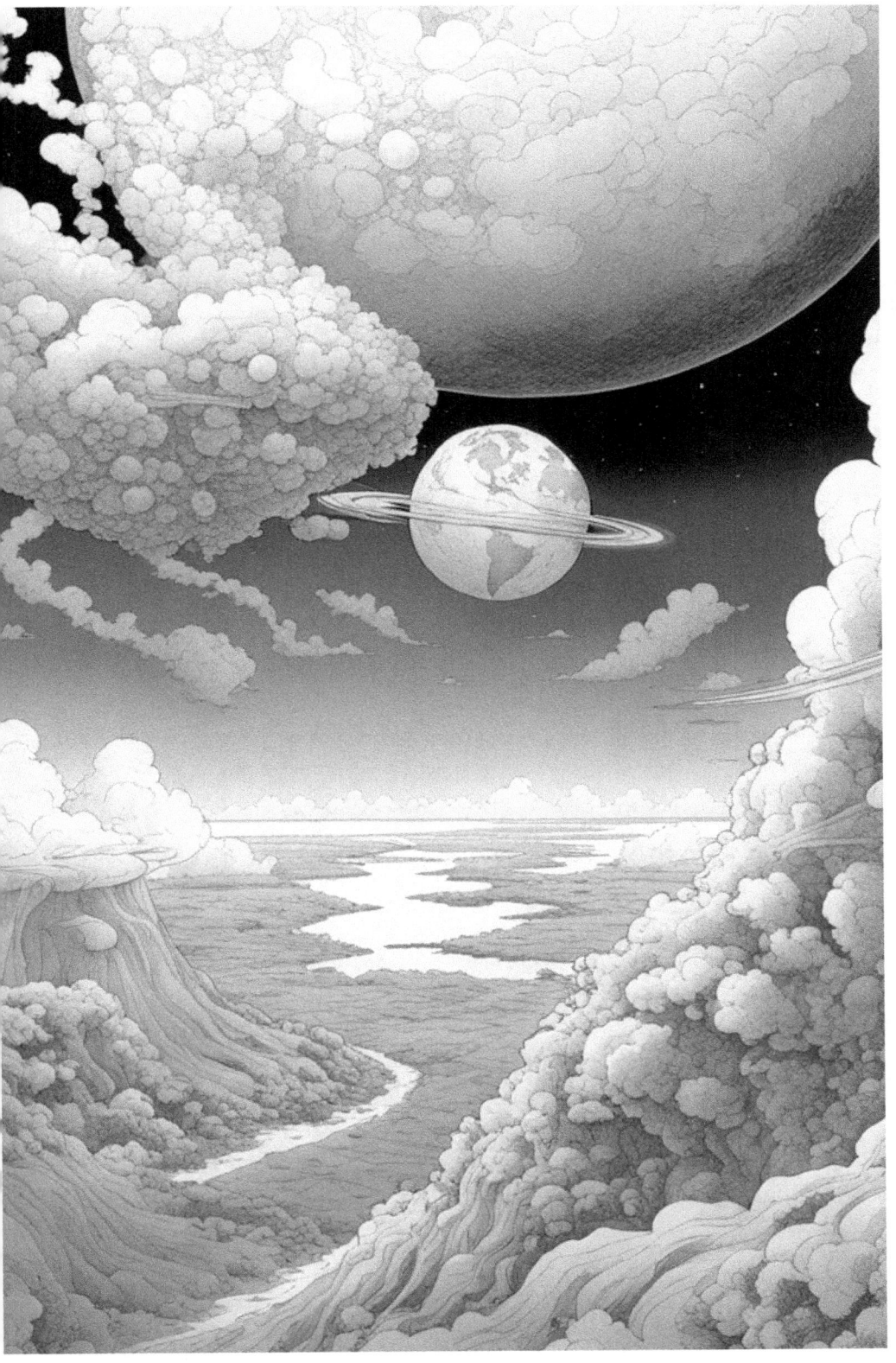

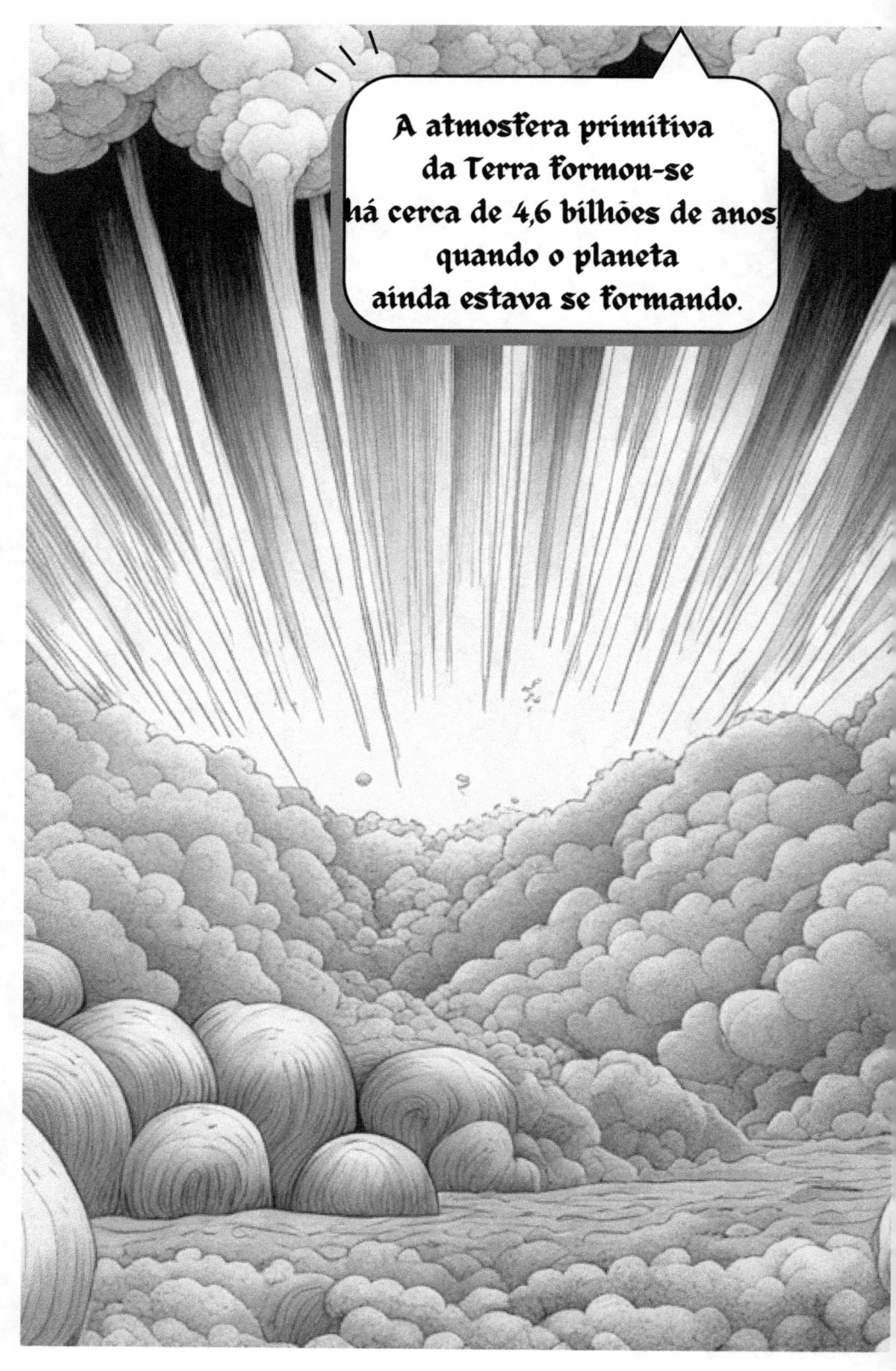

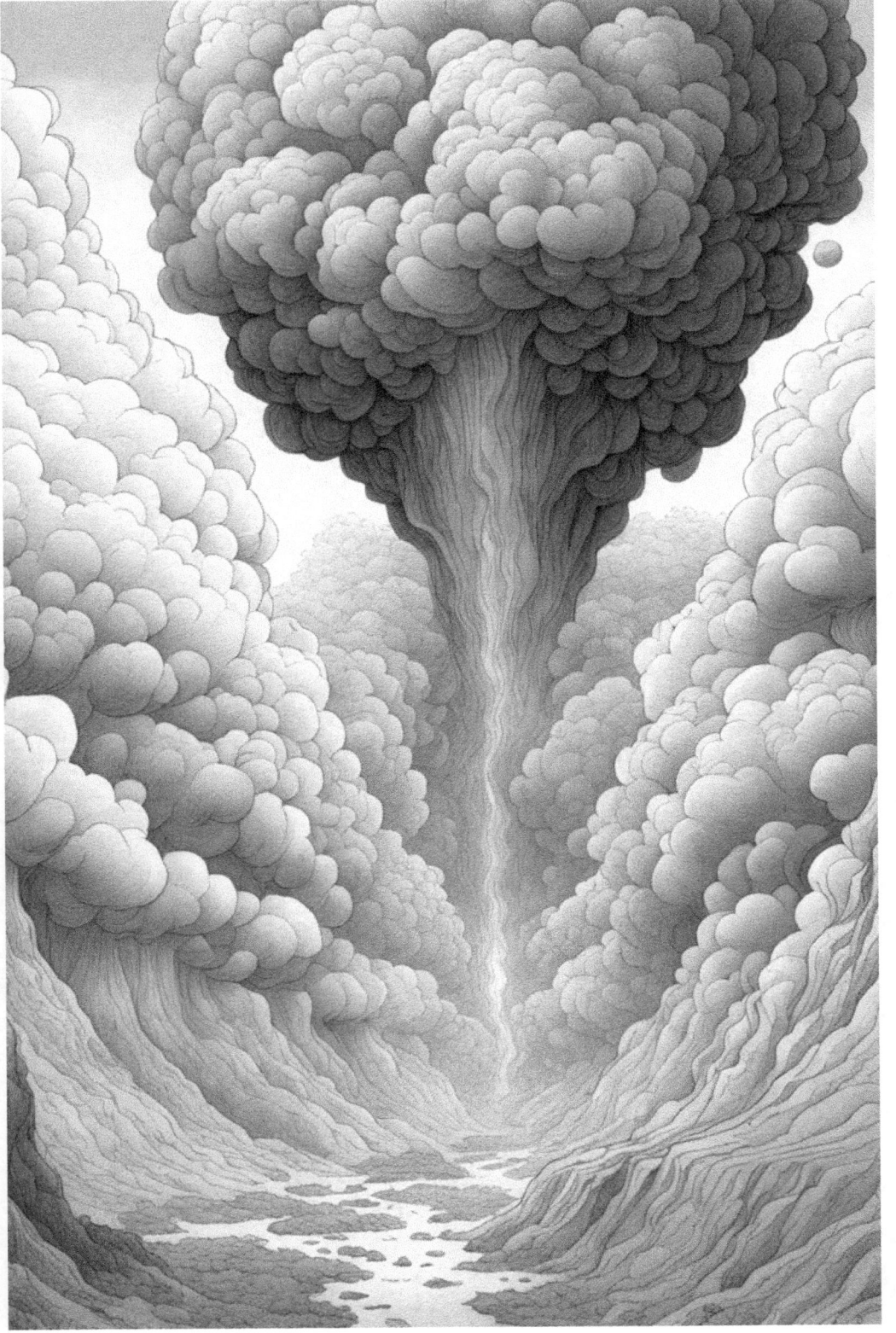

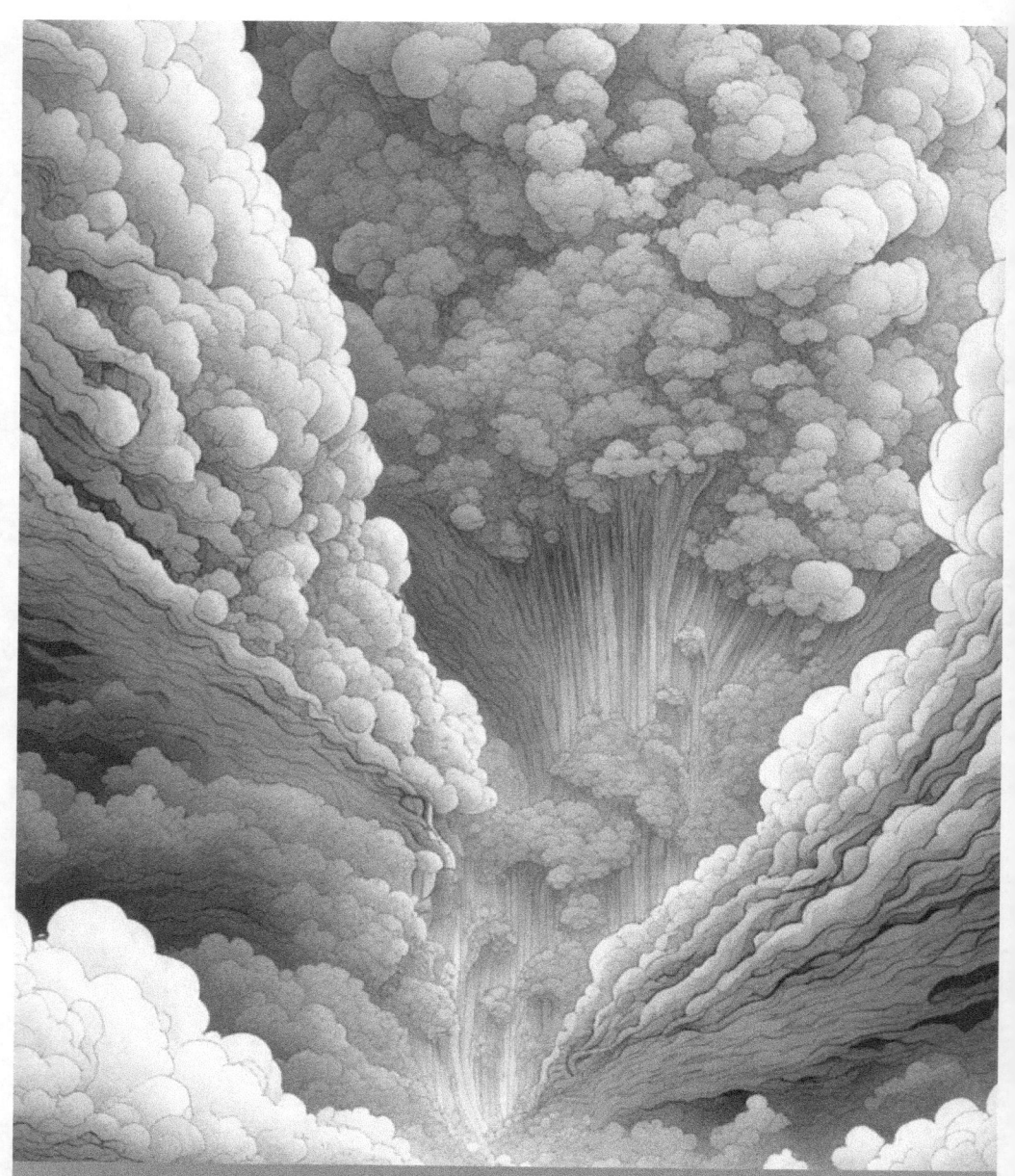

A formação da atmosfera primitiva foi um processo complexo, que envolveu a liberação de gases do interior da Terra,

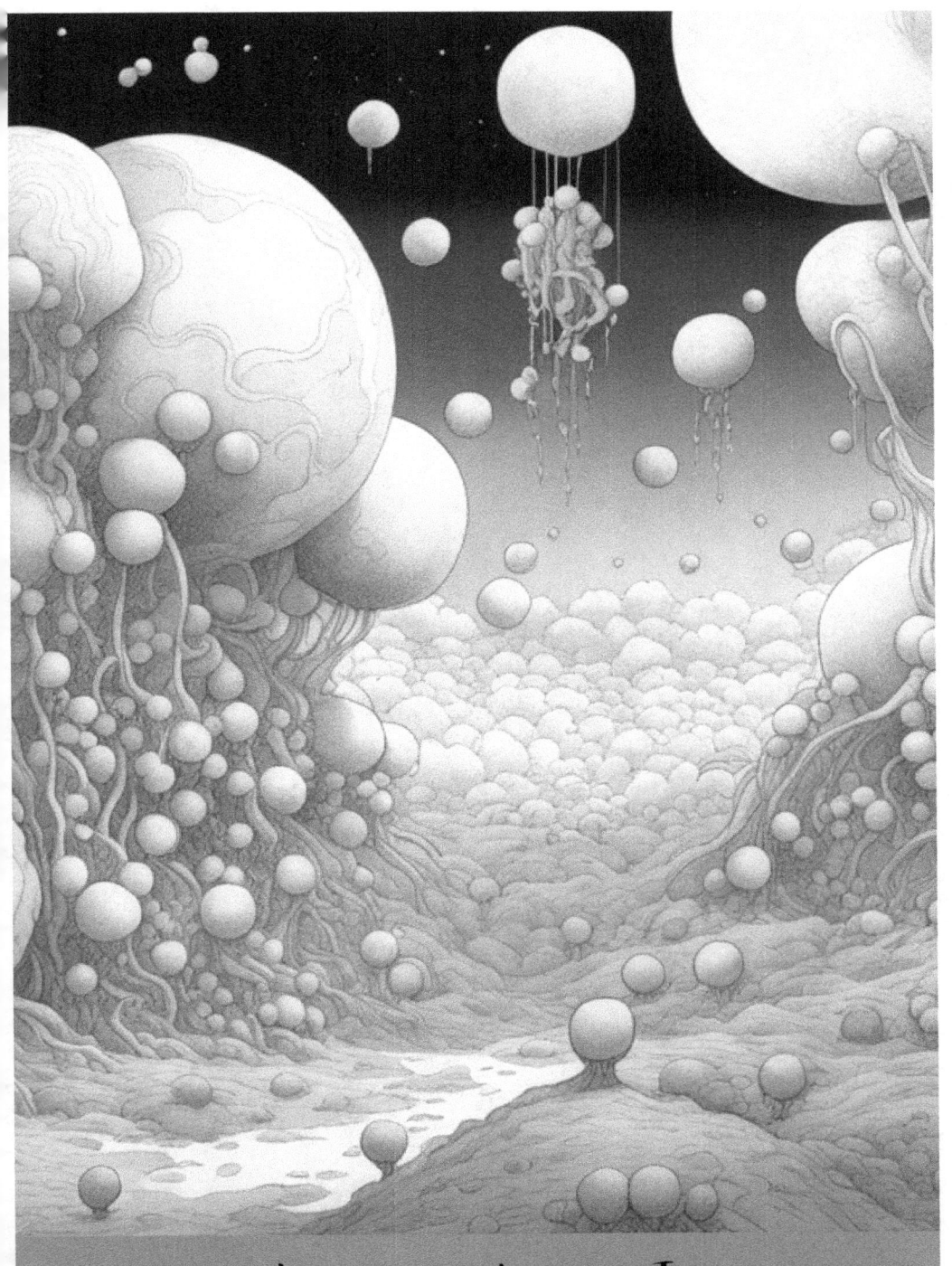

Os gases liberados do interior da Terra eram principalmente metano, amónia, hidrogénio e vapor de água.

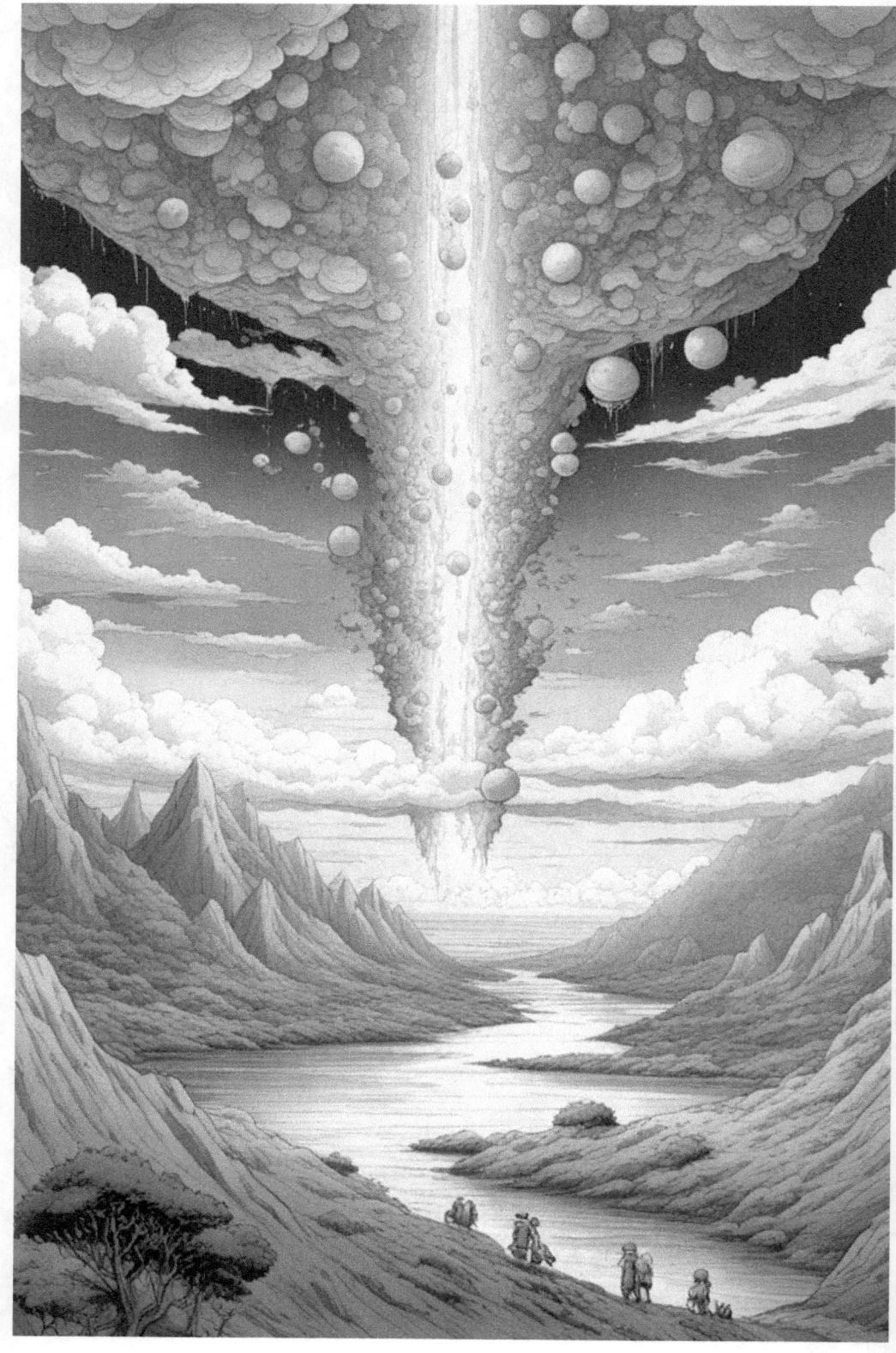

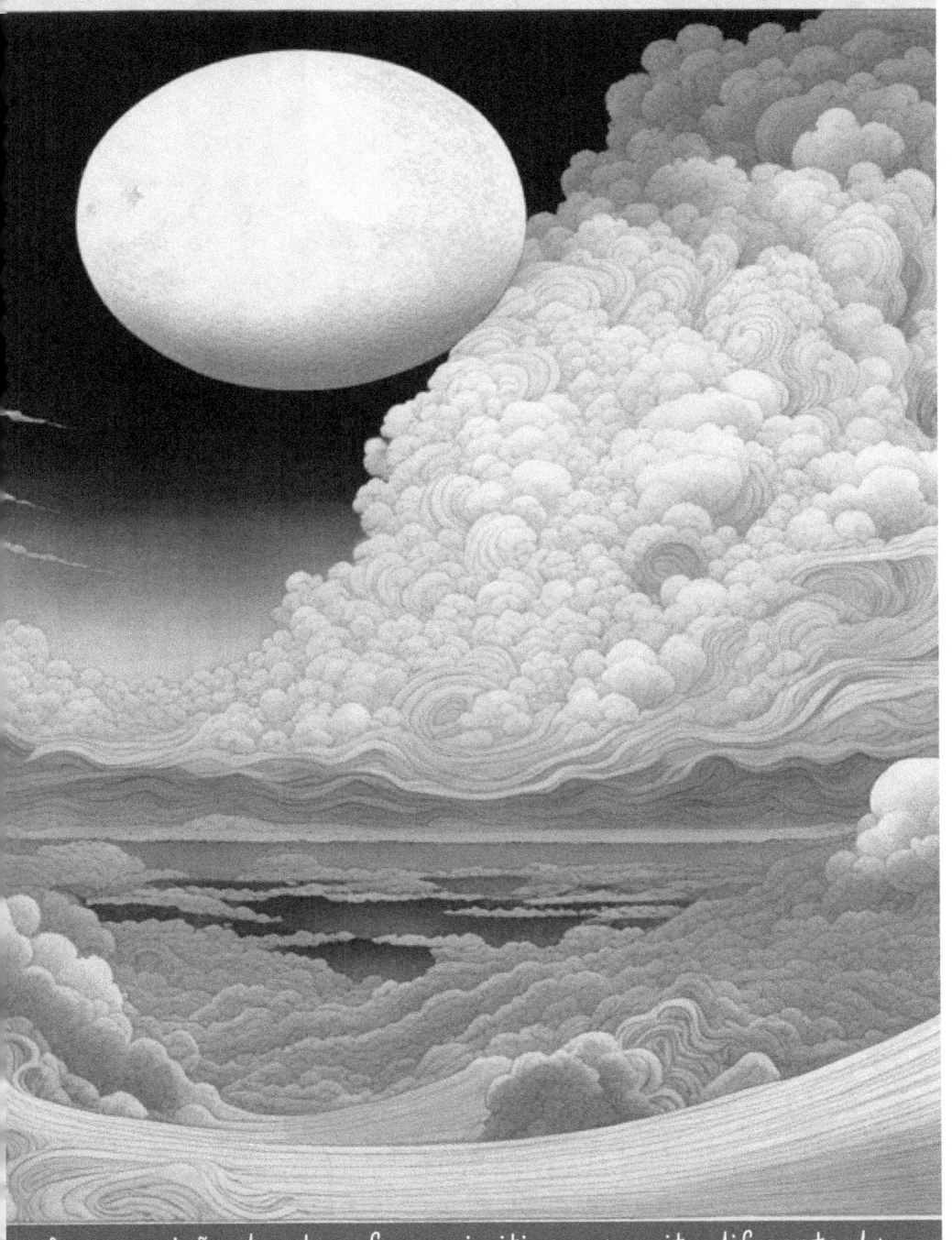

A composição da atmosfera primitiva era muito diferente da atmosfera atual. A atmosfera primitiva era rica em gases como metano, amônia e hidrogênio, e pobre em gases como oxigênio e nitrogênio.

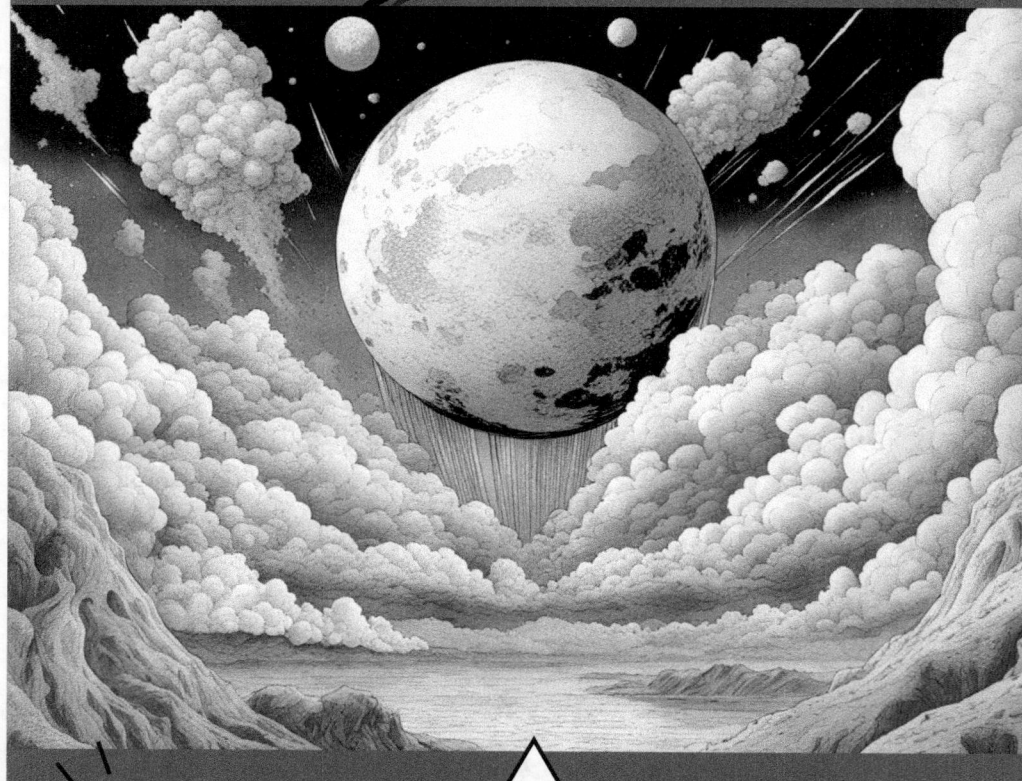

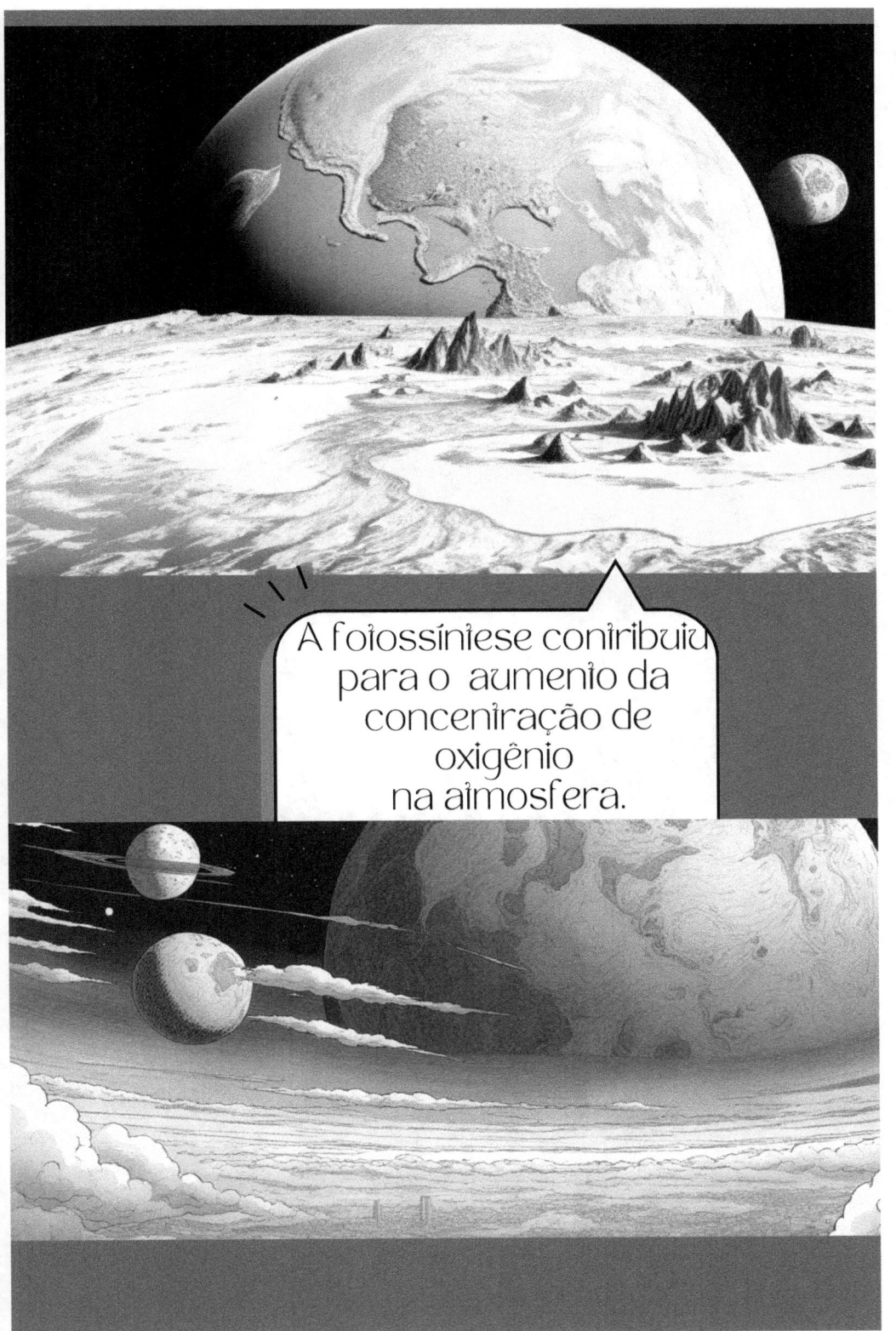

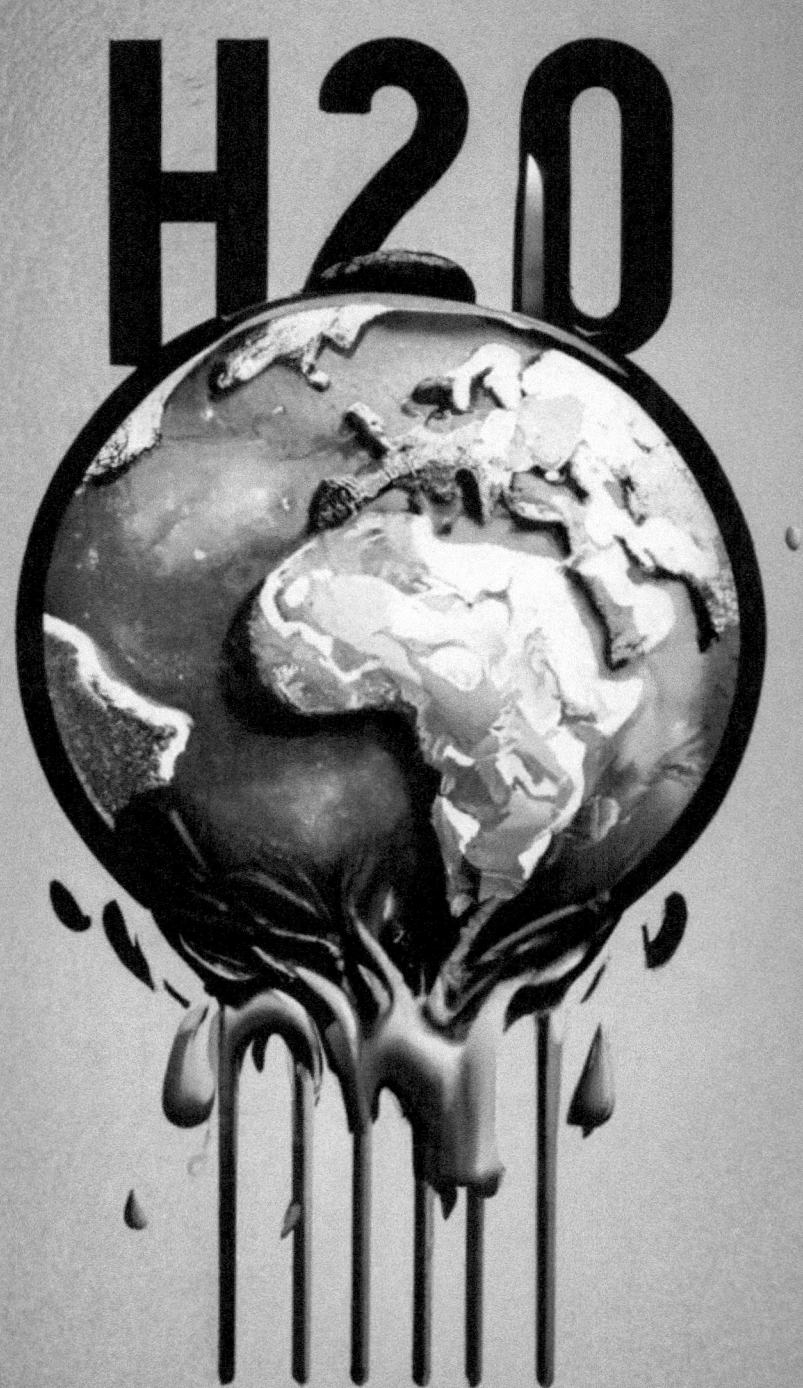

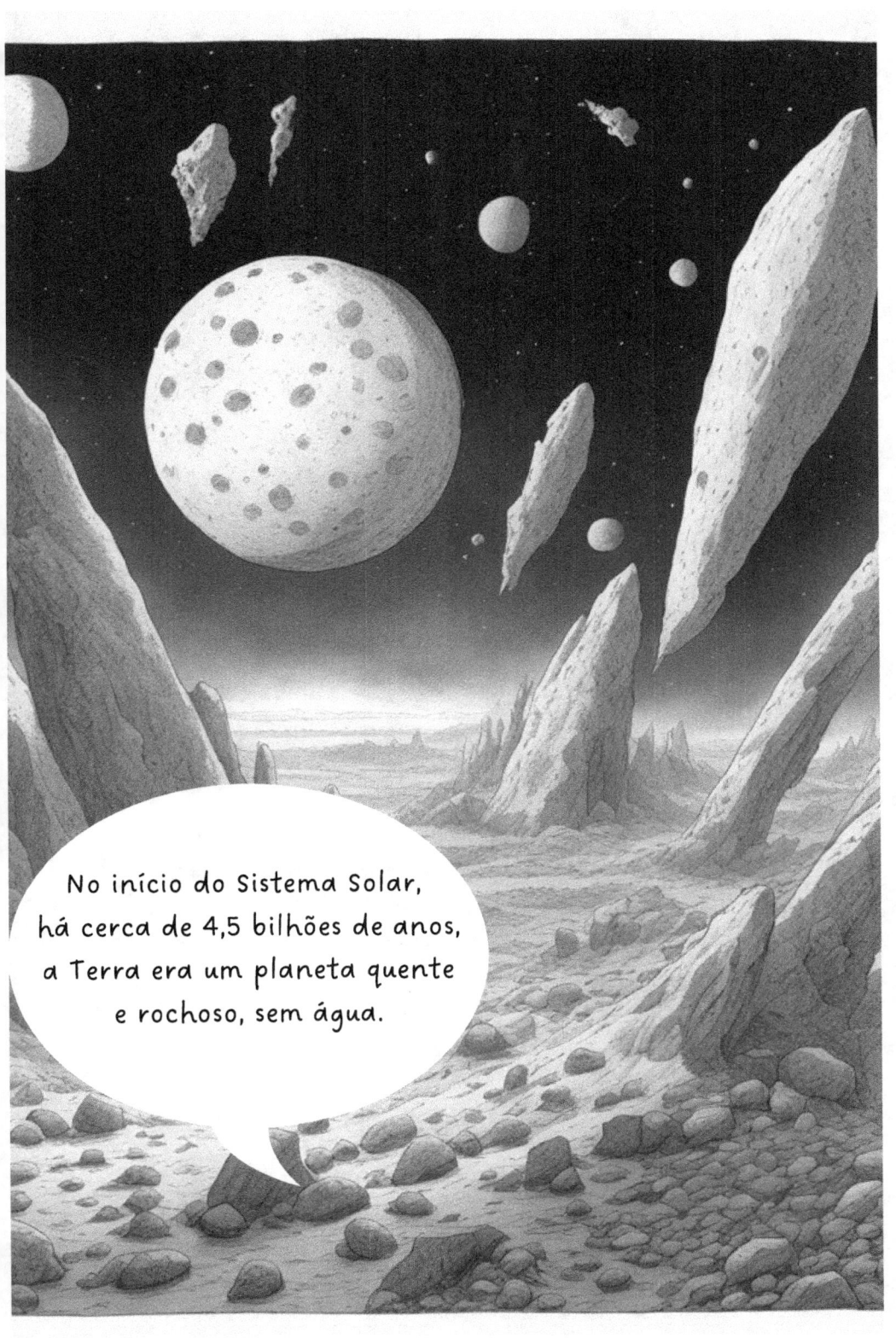

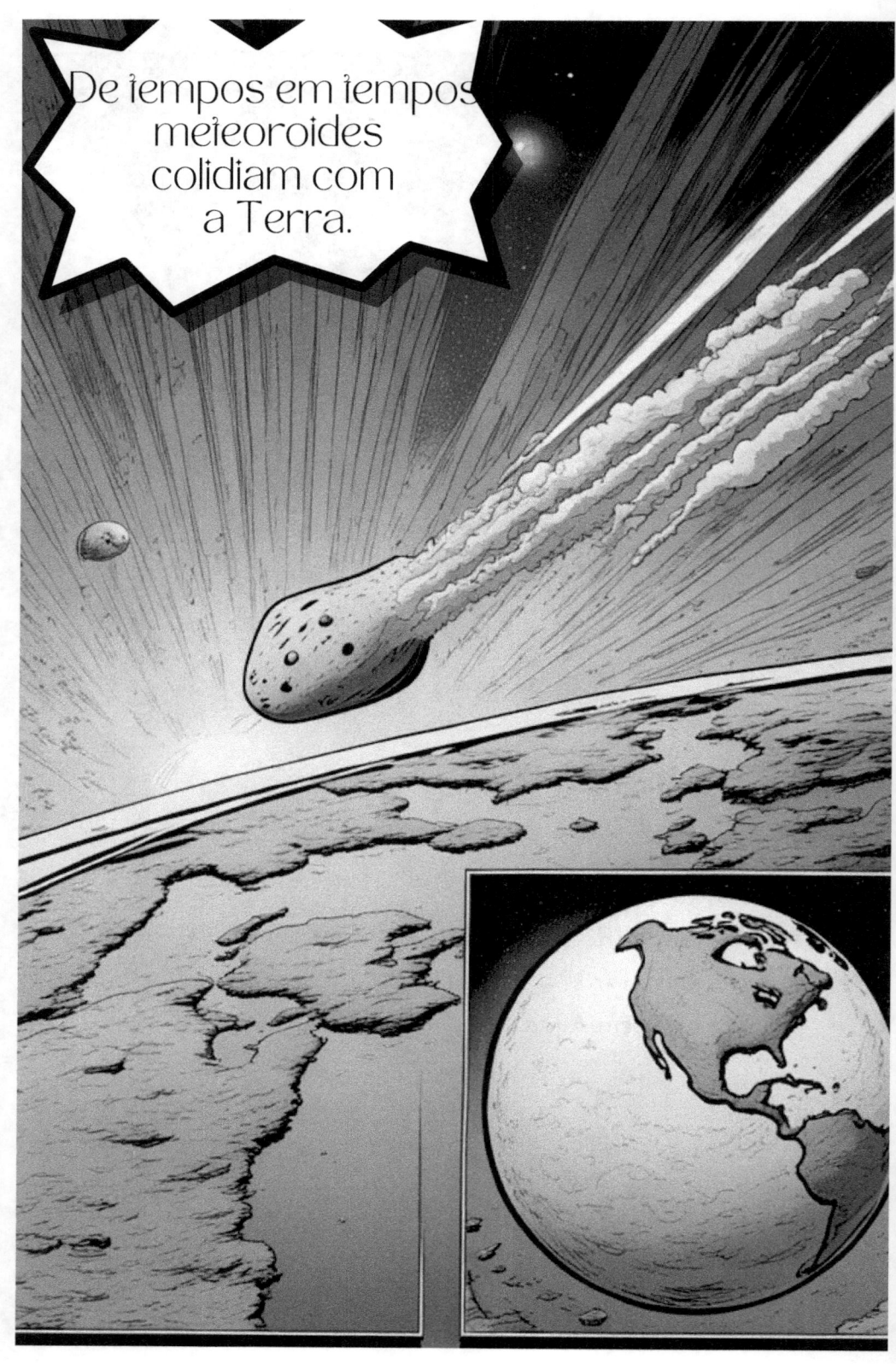

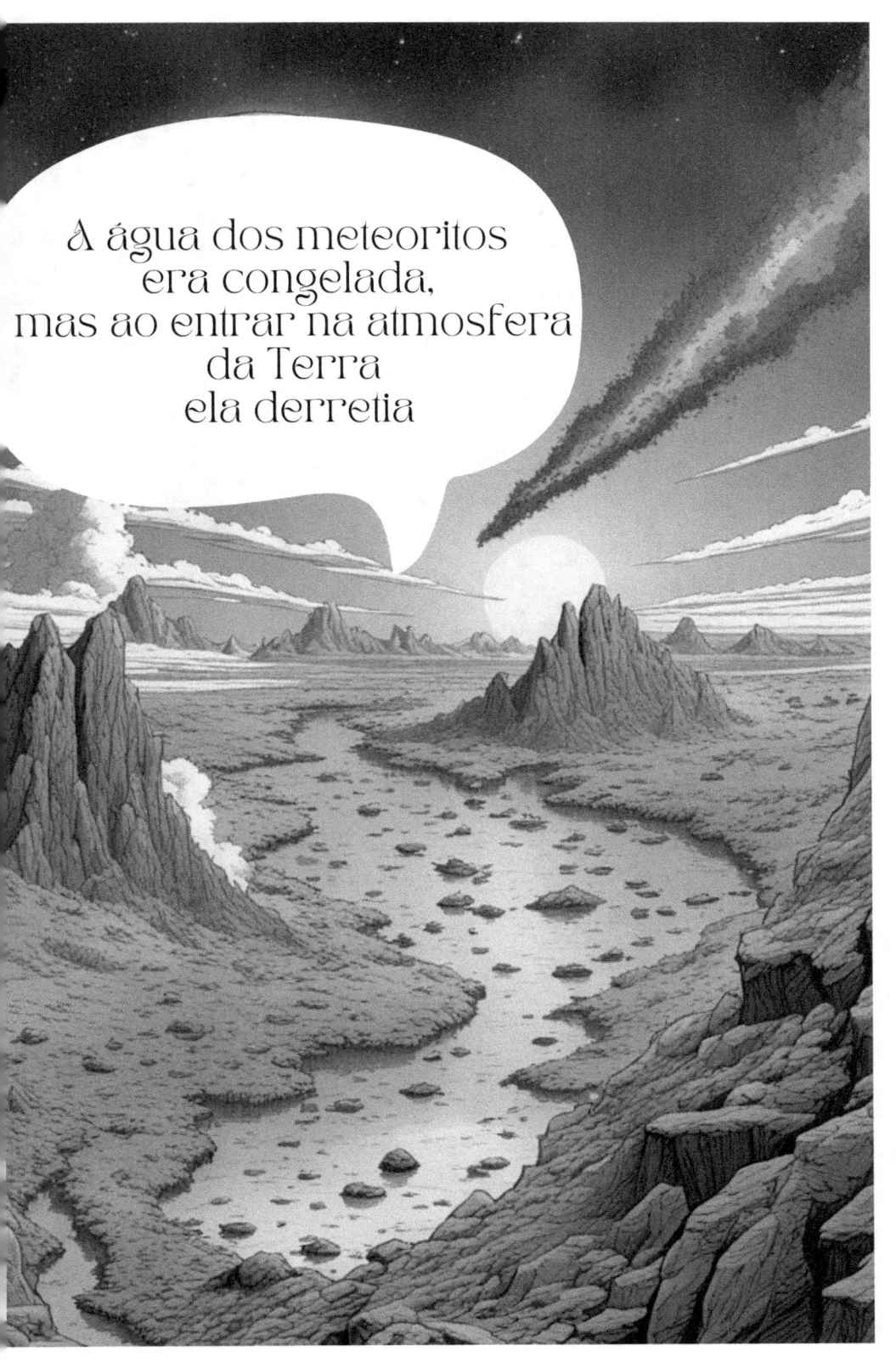

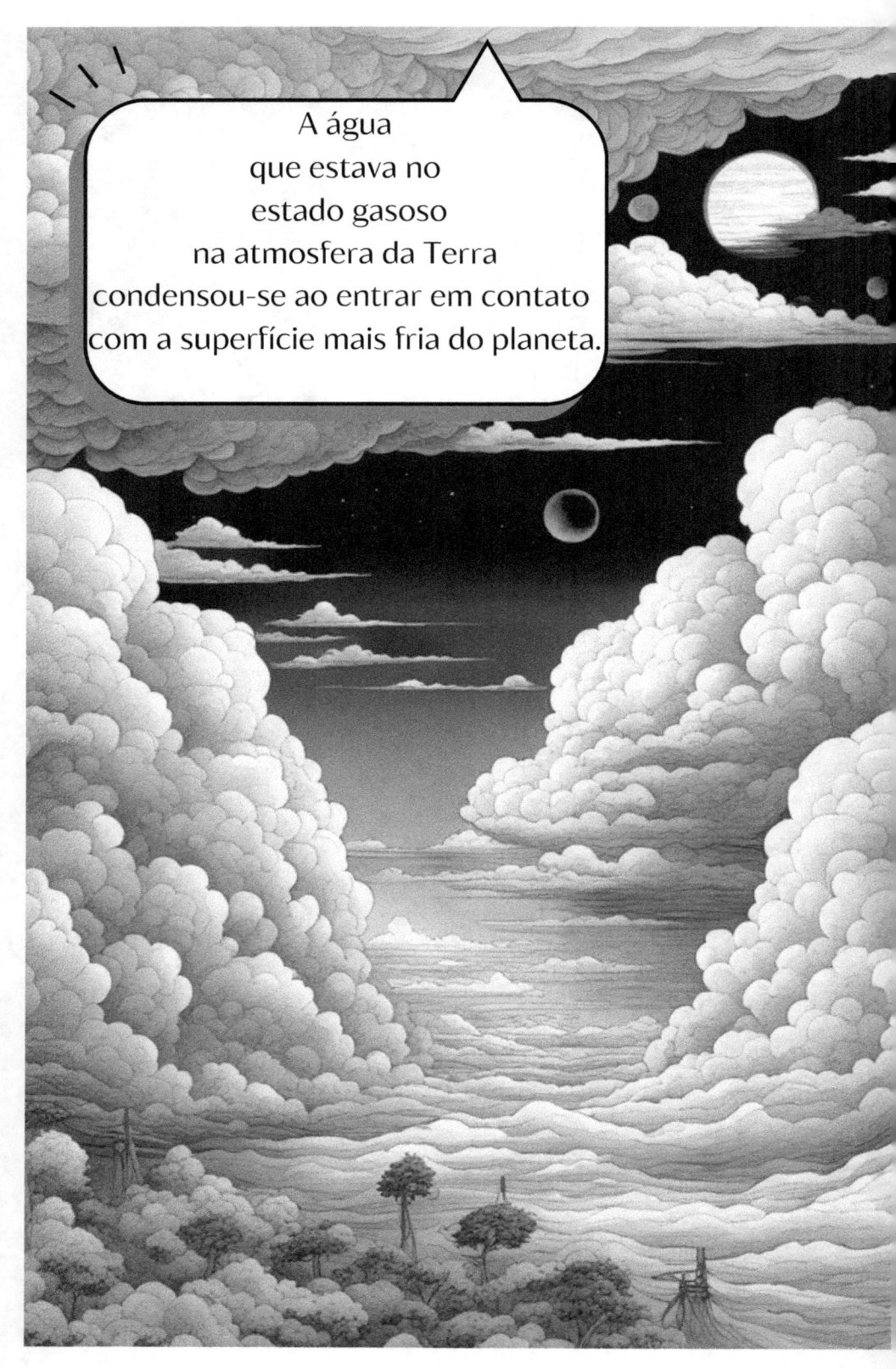

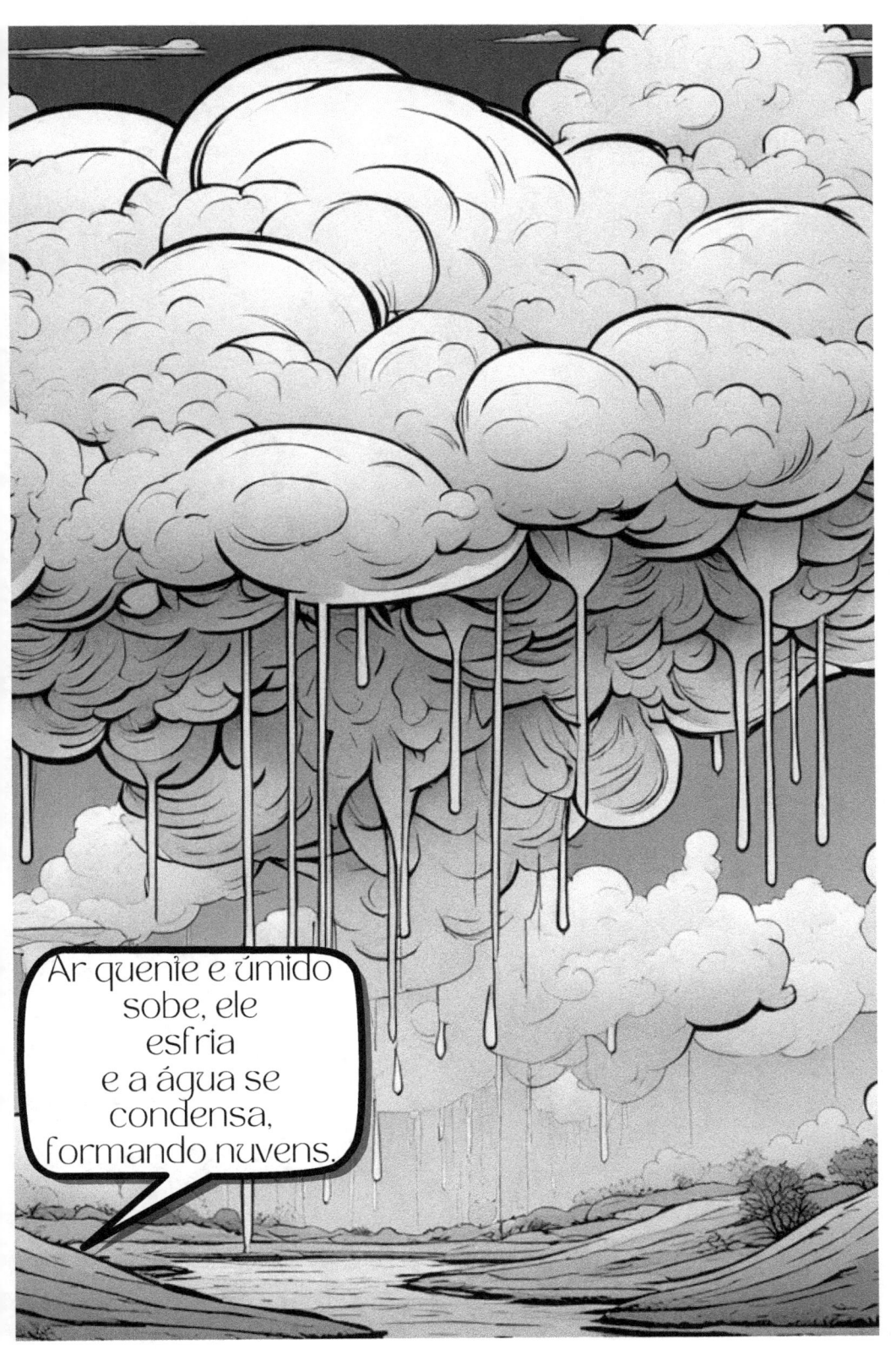

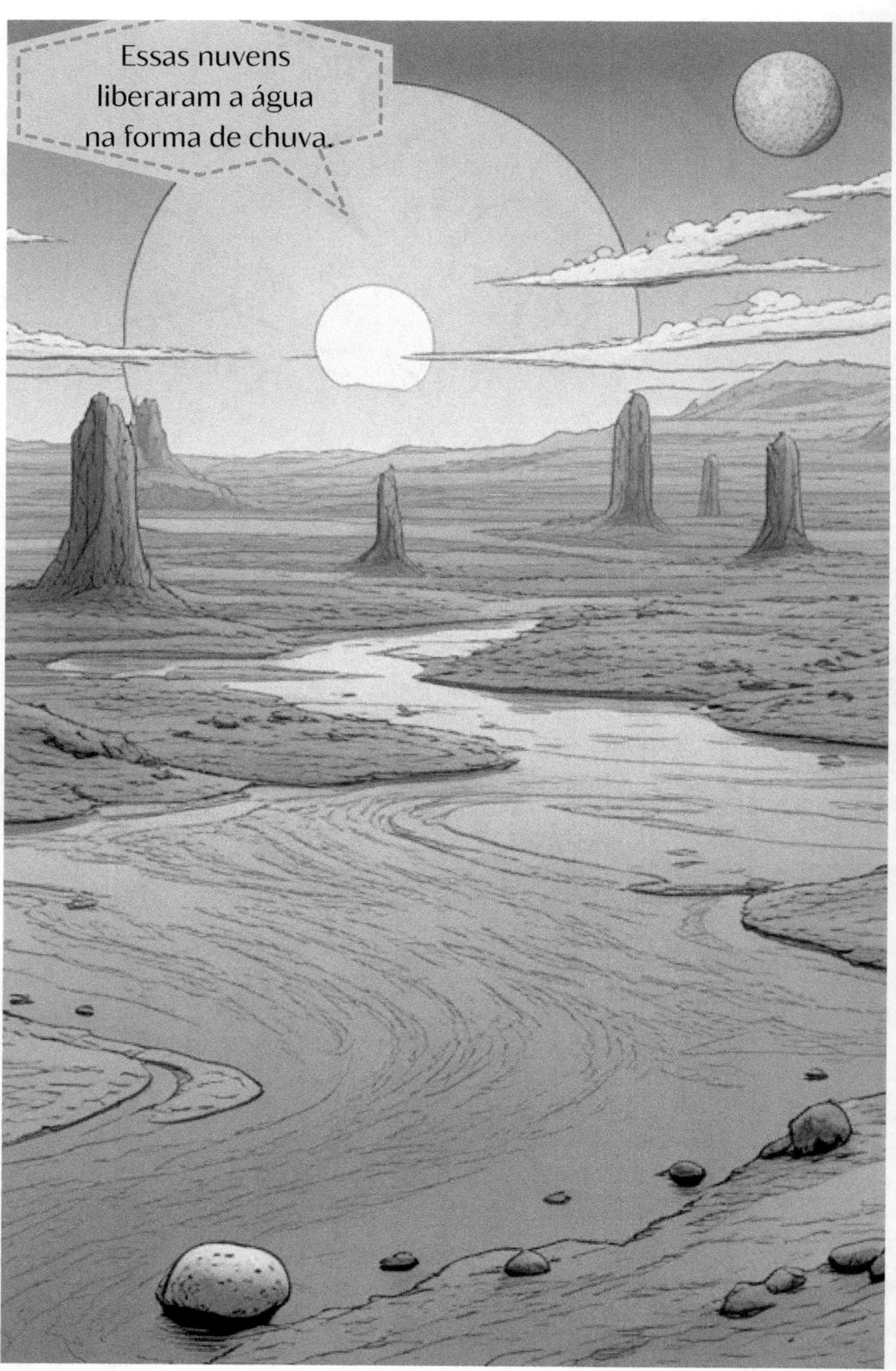

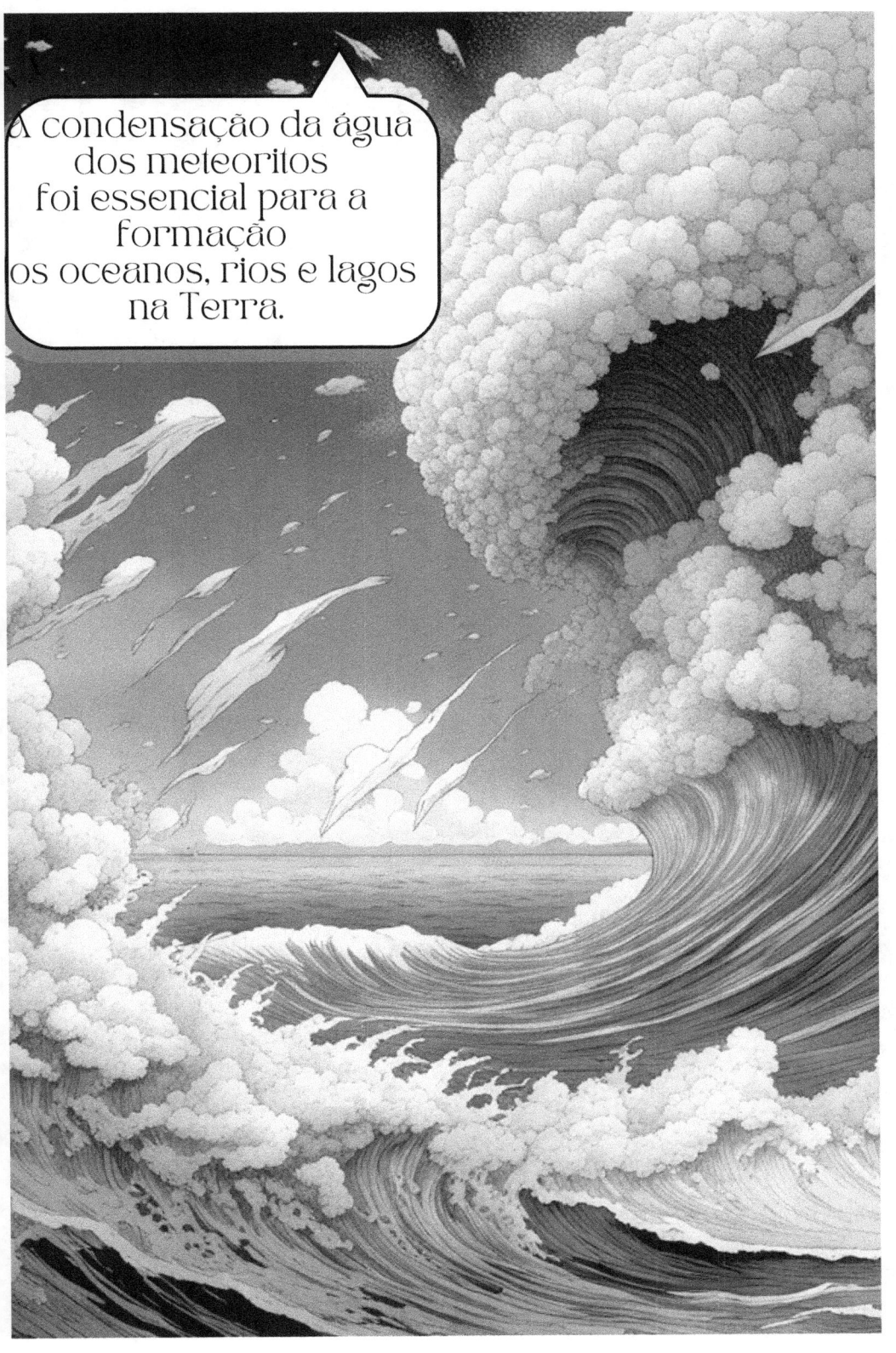

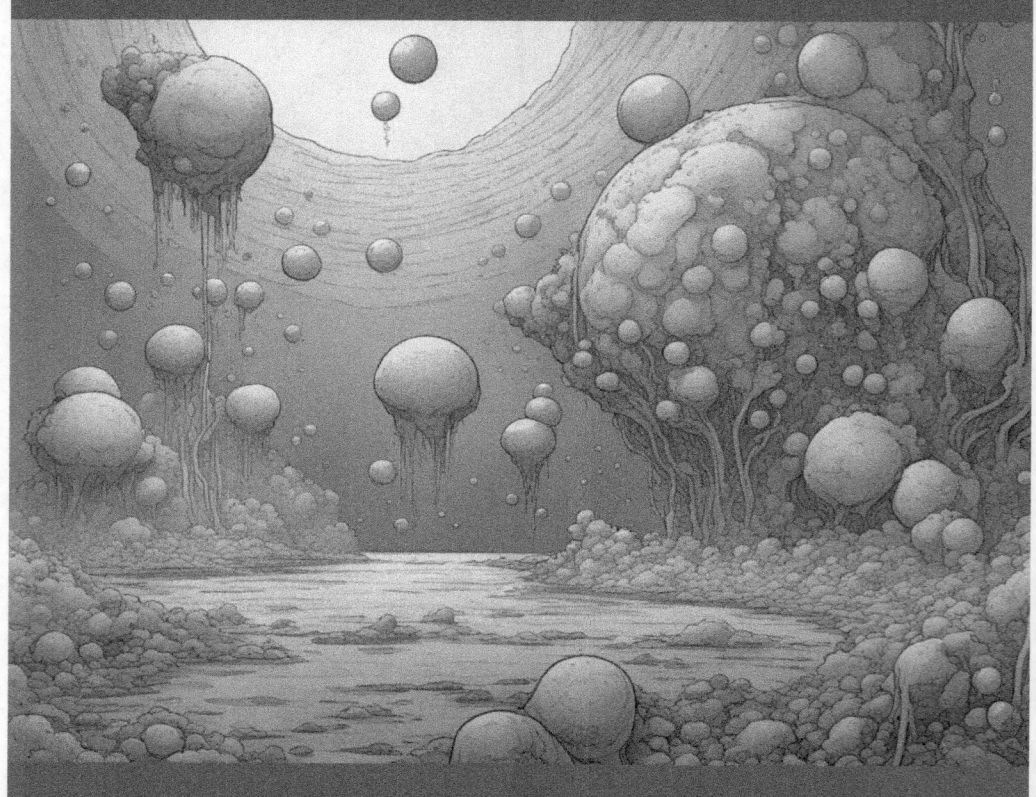

Os primeiros seres depois da formação da água na Terra foram os seres unicelulares, como as bactérias e as algas. Essas formas de vida simples surgiram a partir de moléculas orgânicas que se formaram na água primitiva.

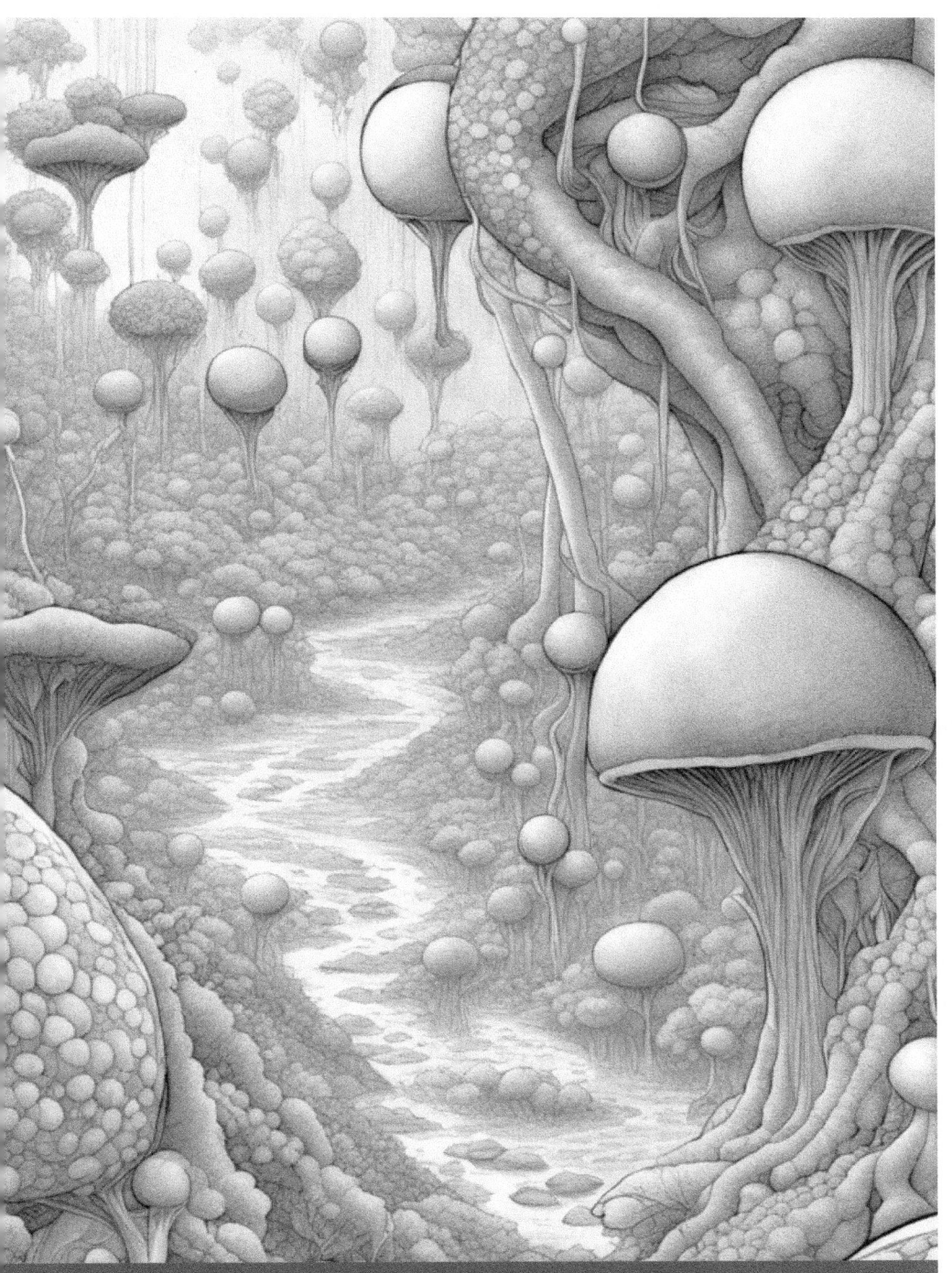

A atmosfera atual é composta principalmente de nitrogênio (78%) e oxigênio (21%). Os outros gases presentes na atmosfera são em quantidades muito pequenas.

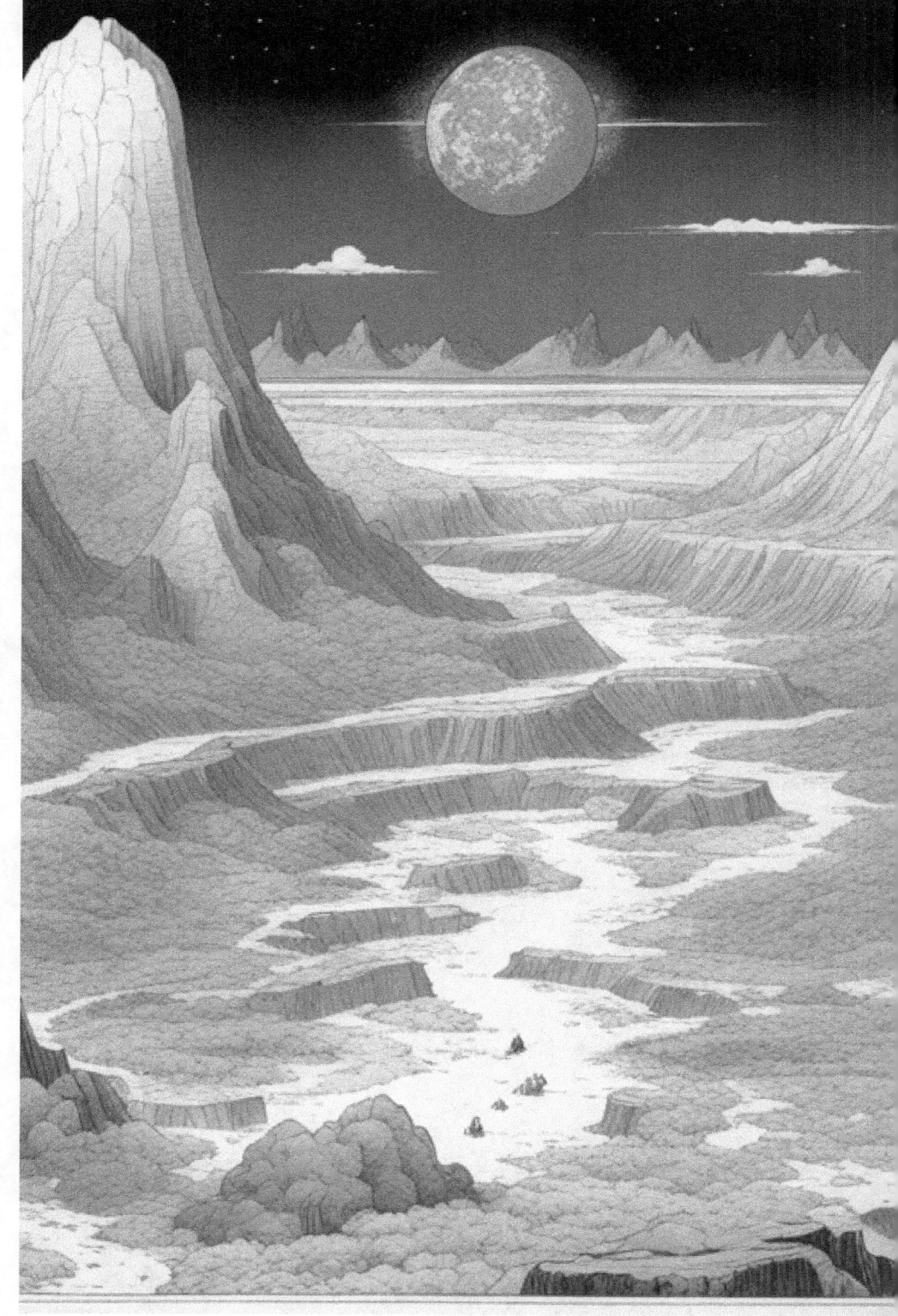

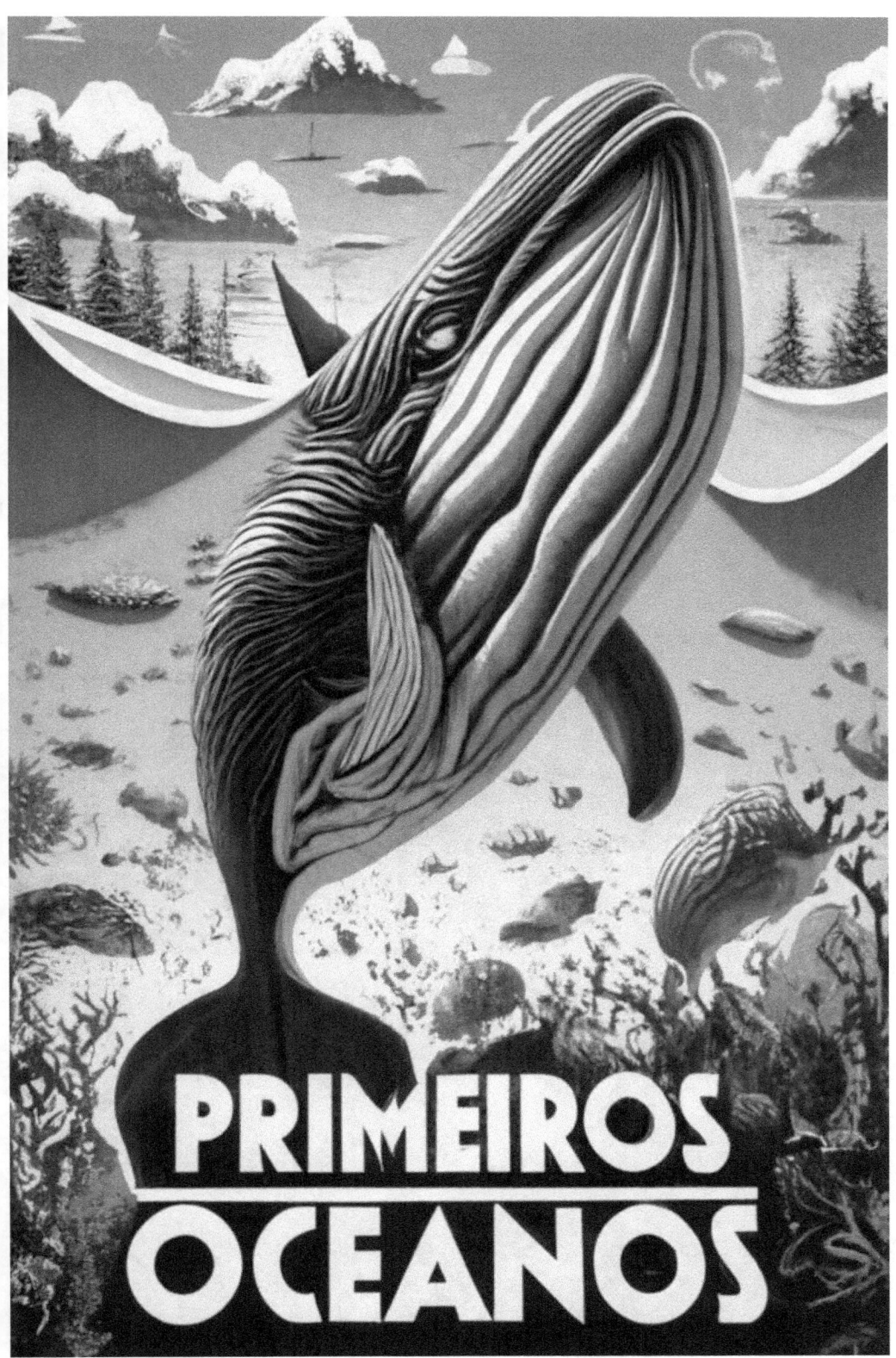

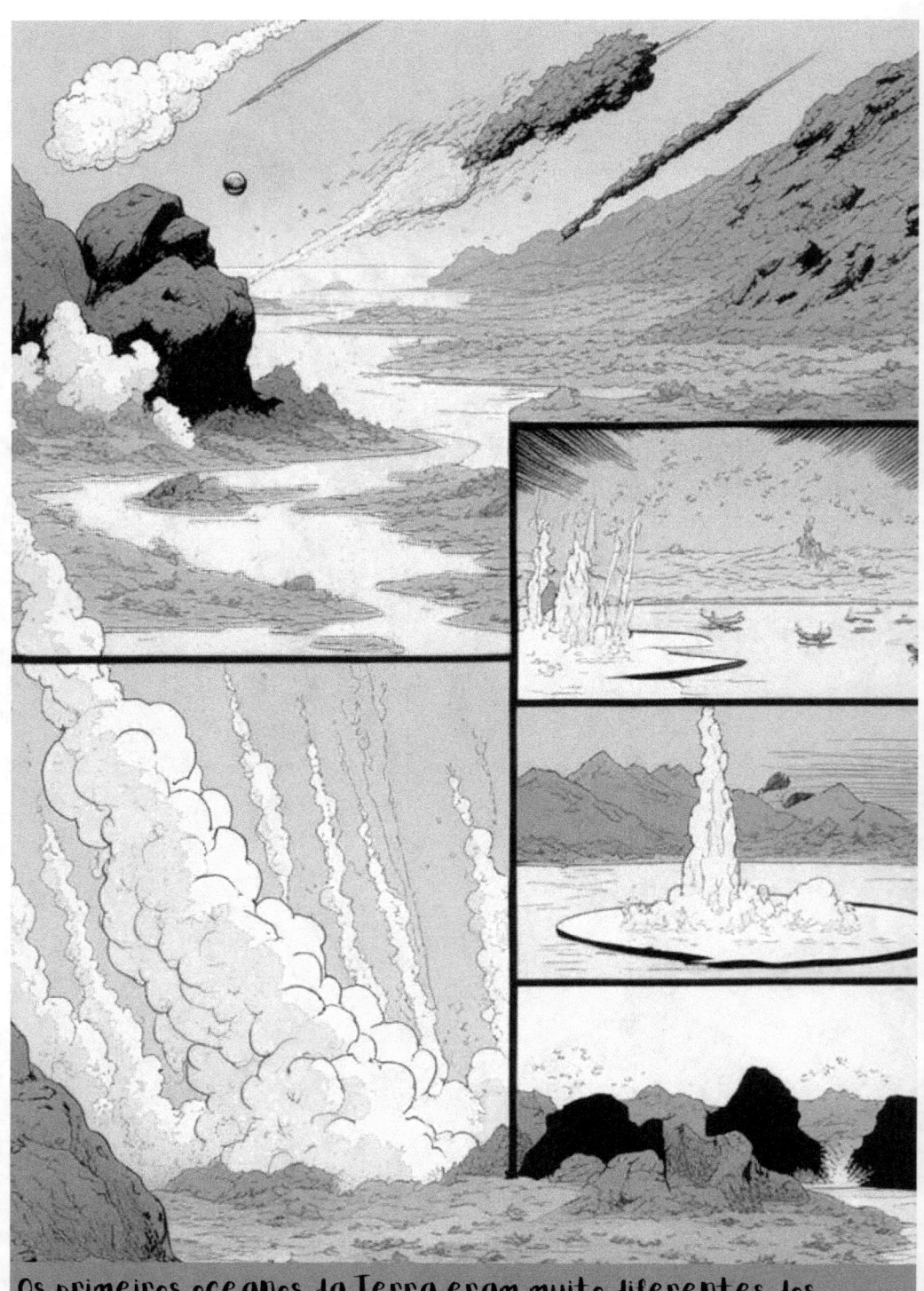

Os primeiros oceanos da Terra eram muito diferentes dos oceanos de hoje. Eles eram muito mais quentes e ácidos, e continham uma concentração mais alta de gases

liberação de gases do interior da Terra, a captura de gases da atmosfera solar e a interação da Terra com o espaço sideral.

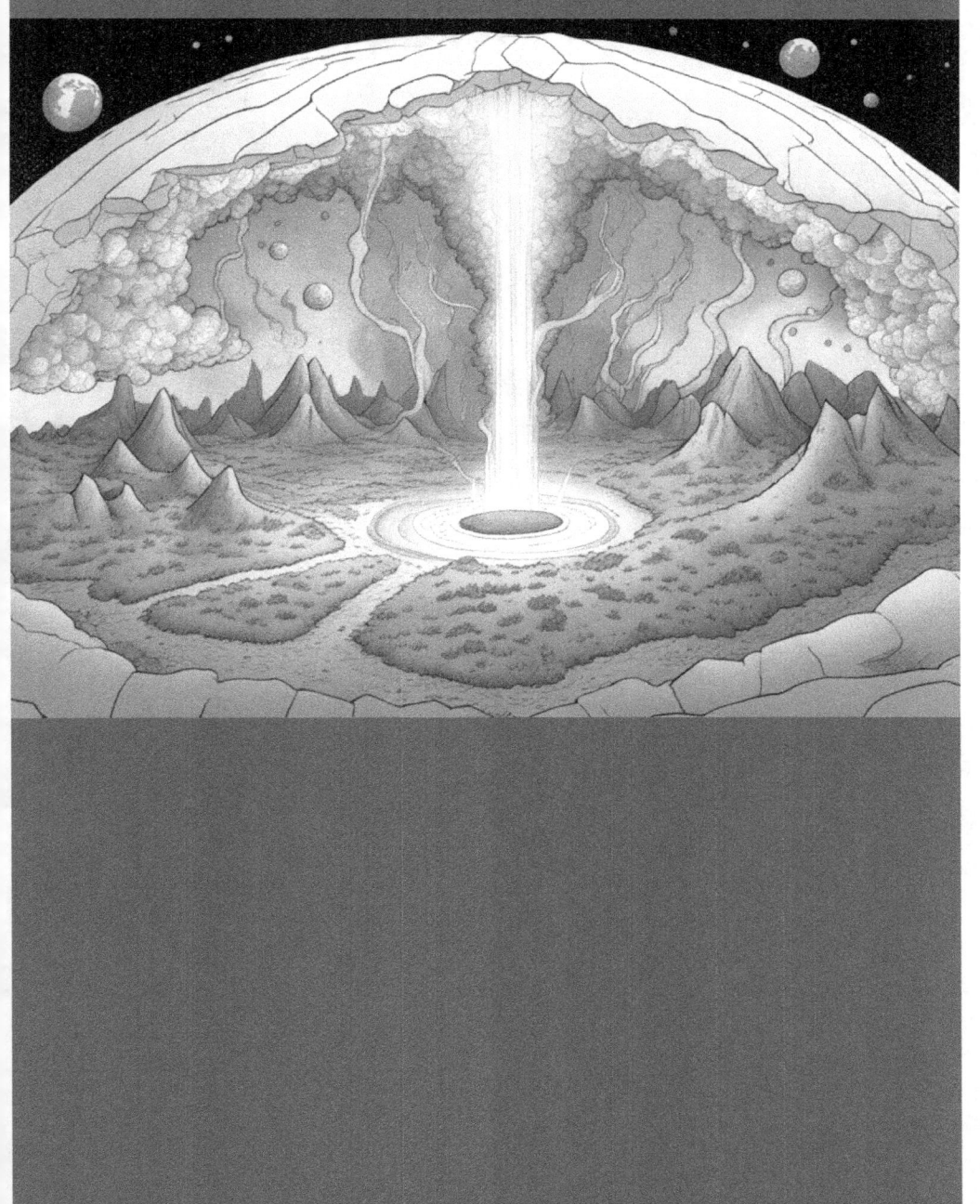

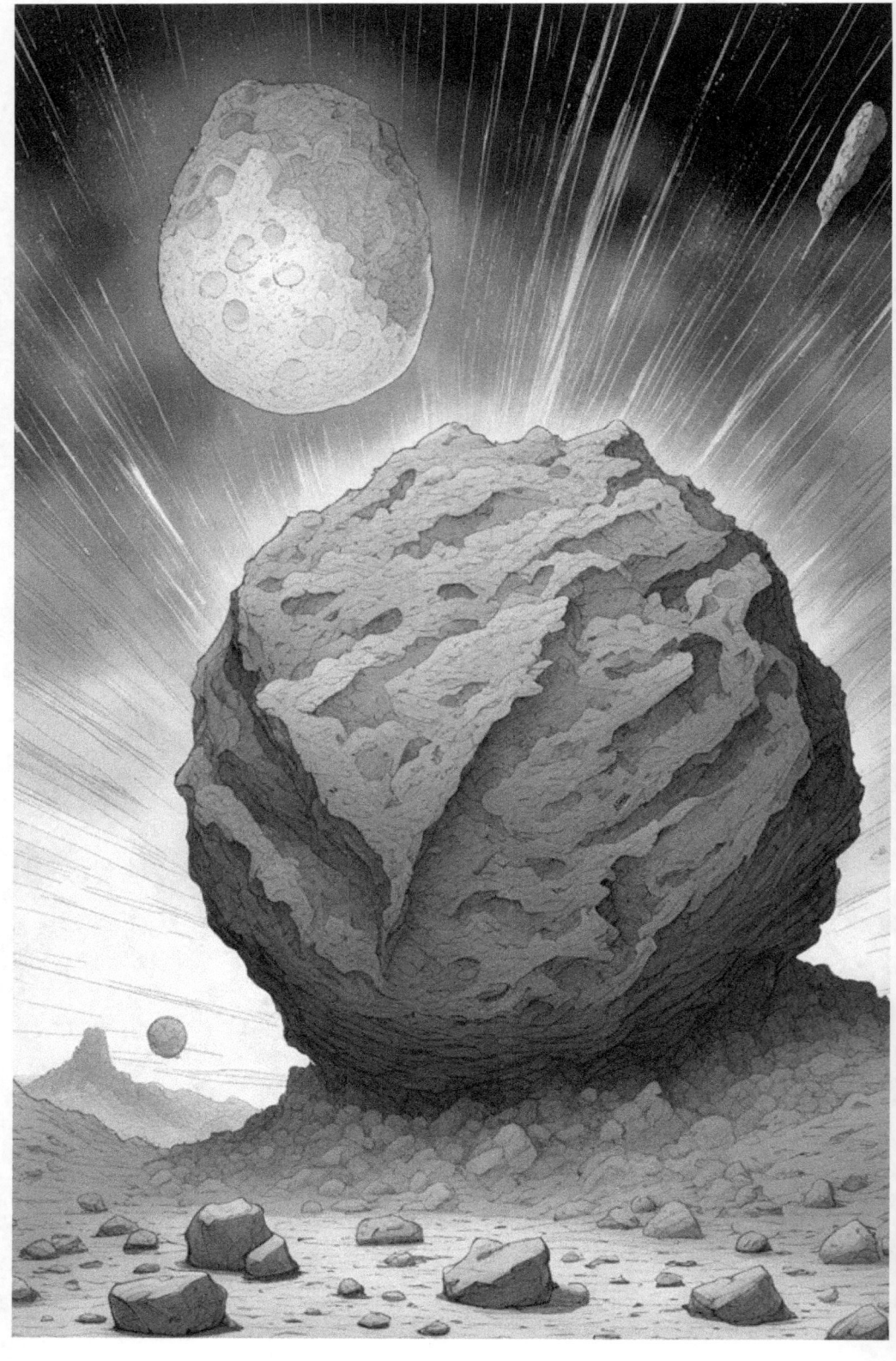

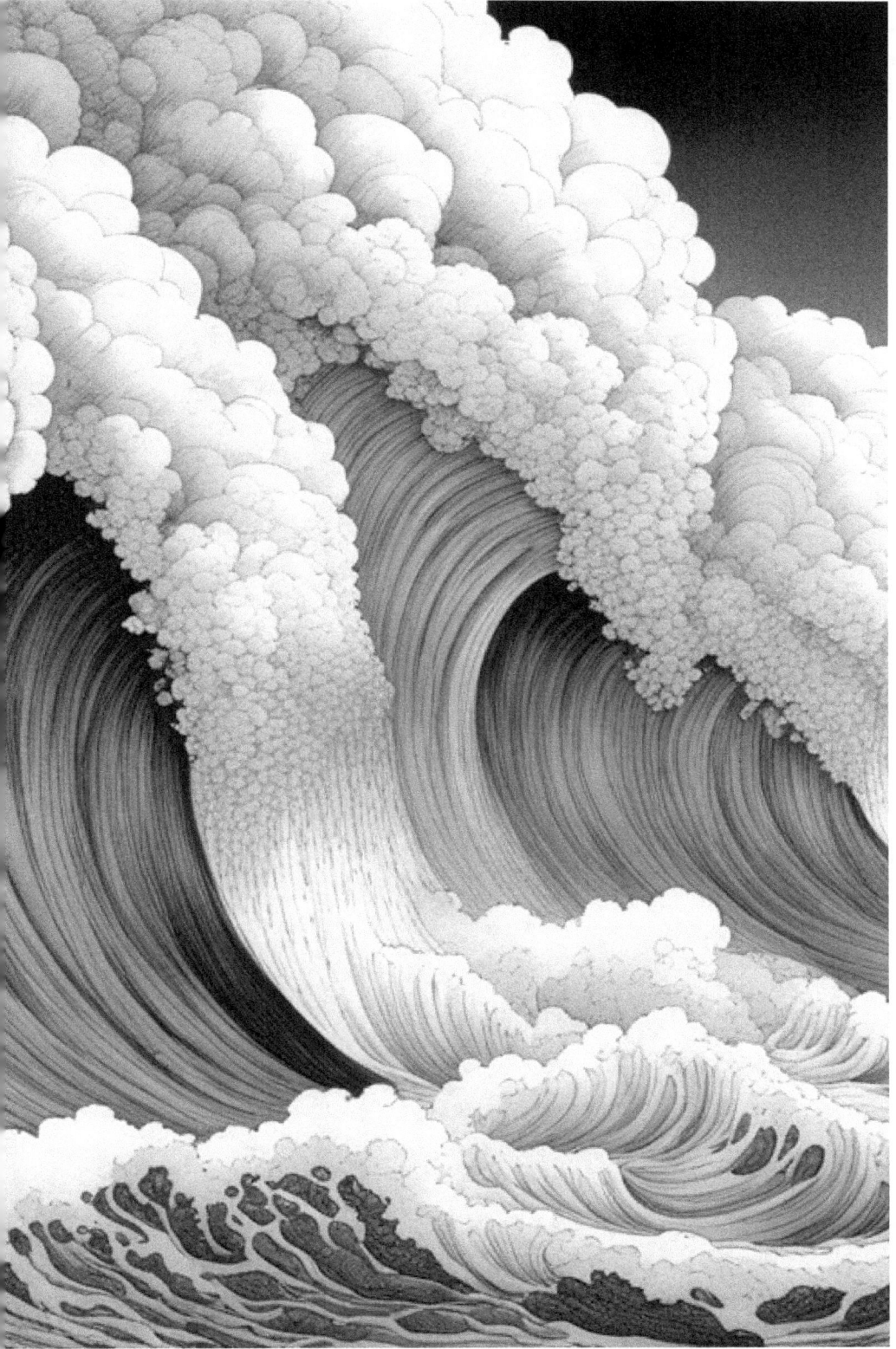

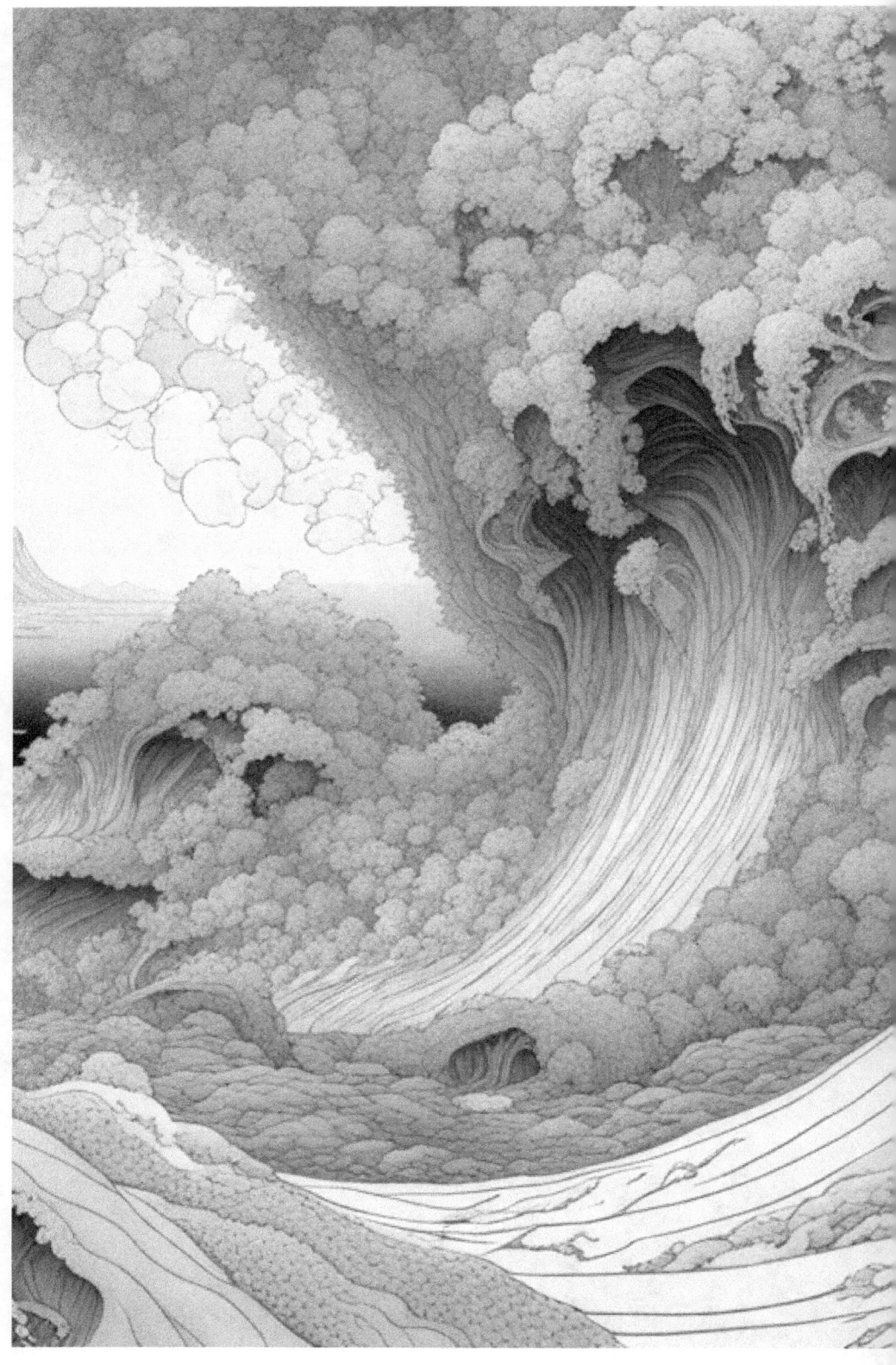

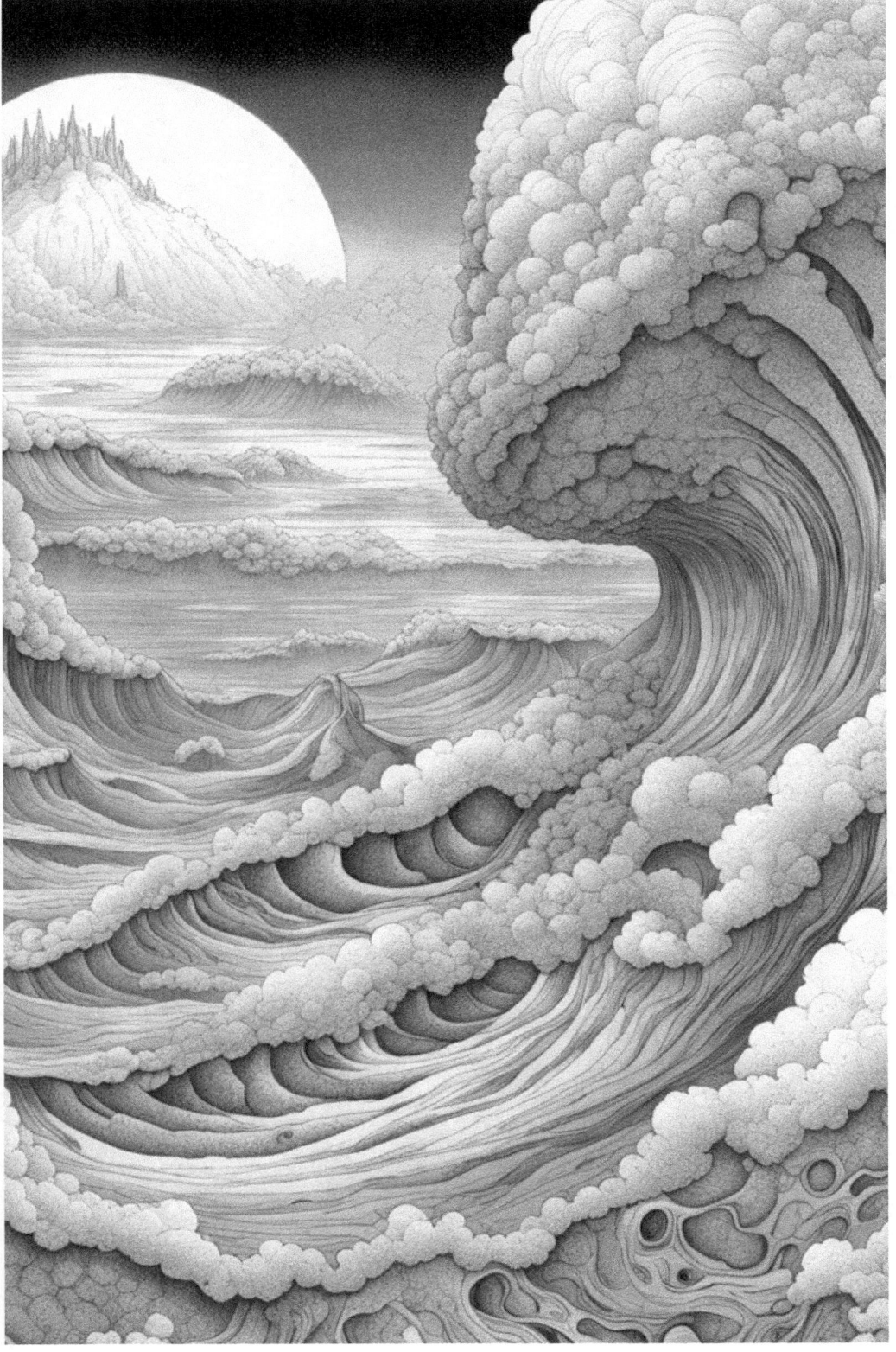

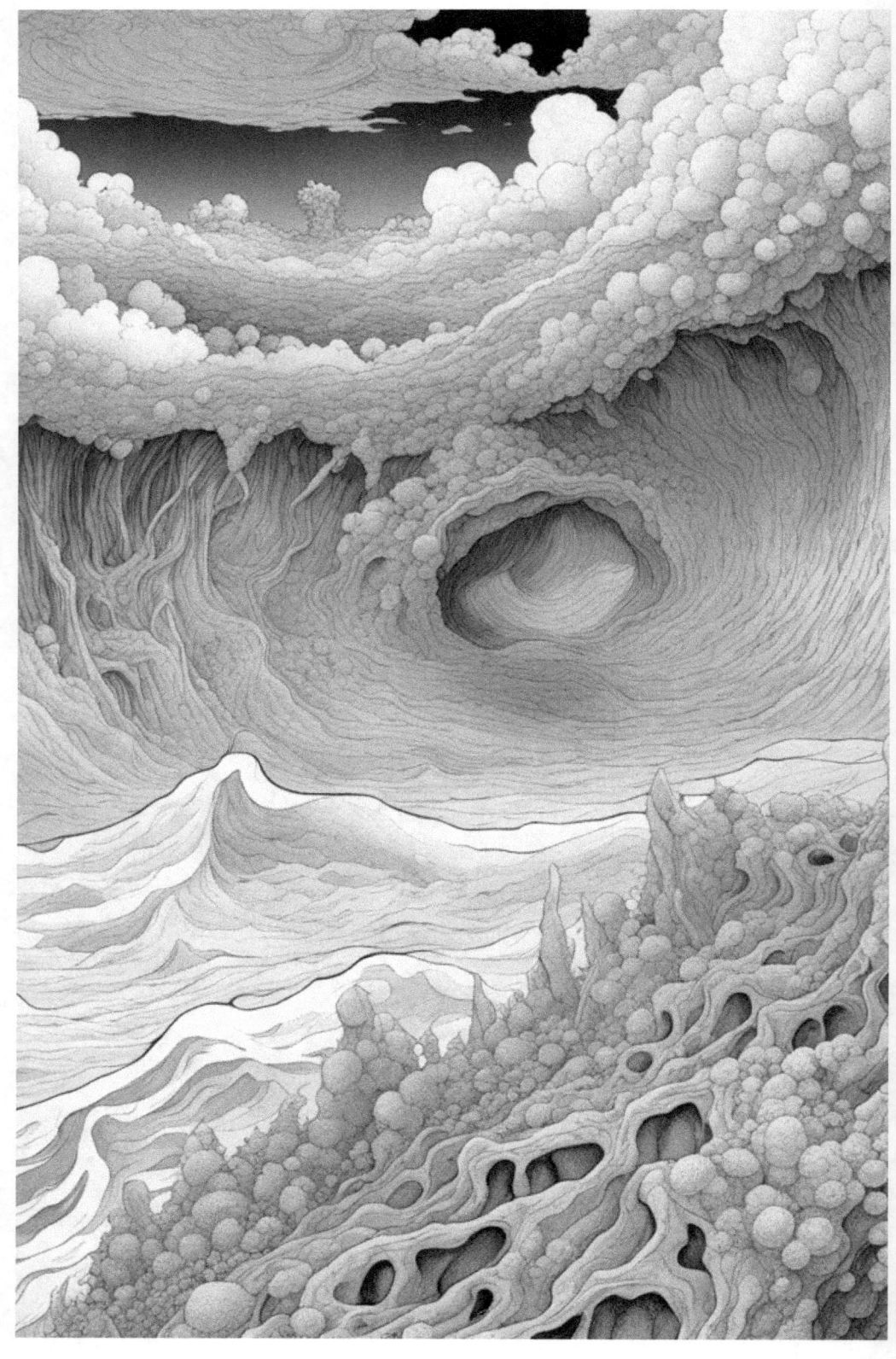

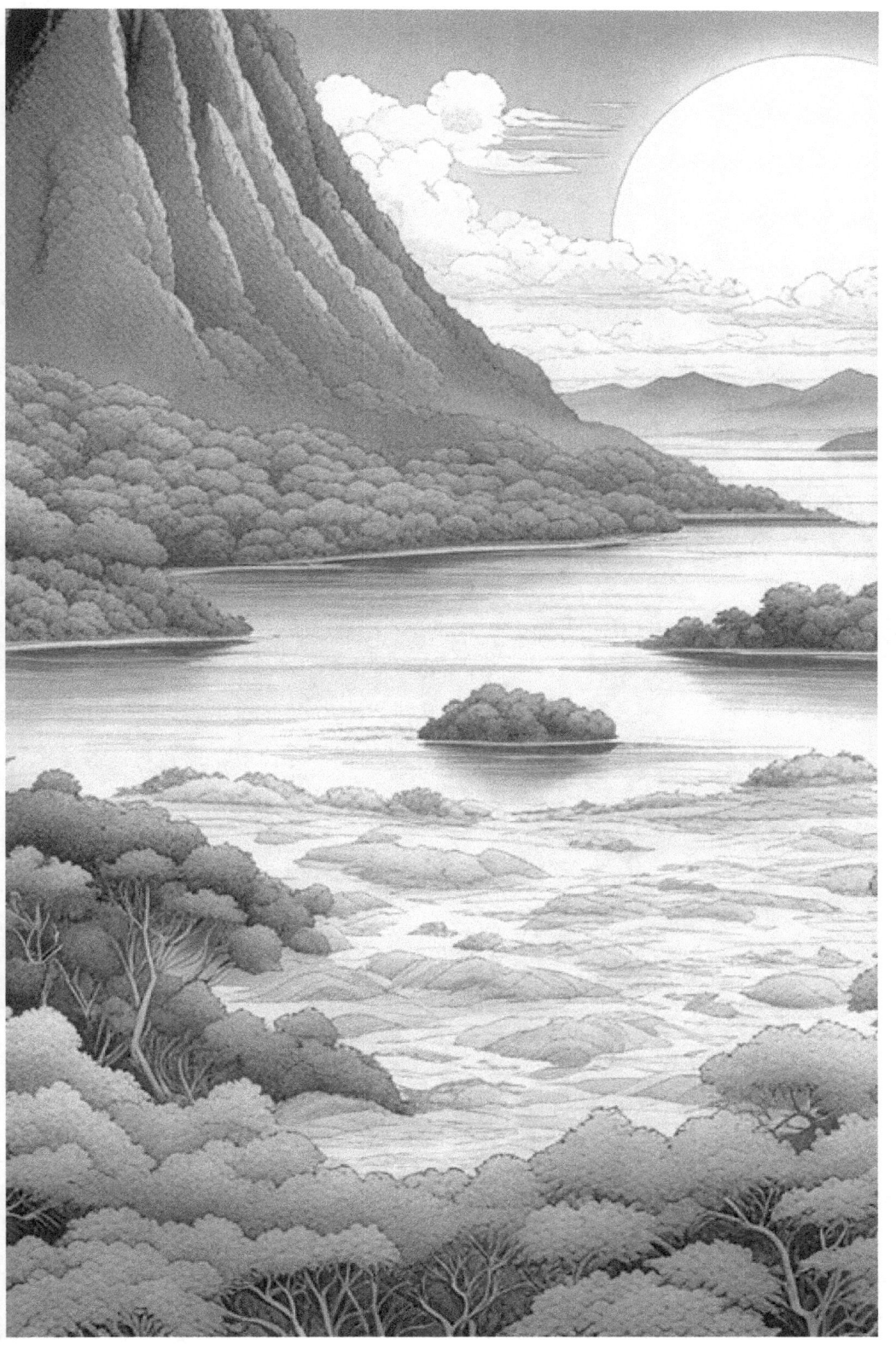

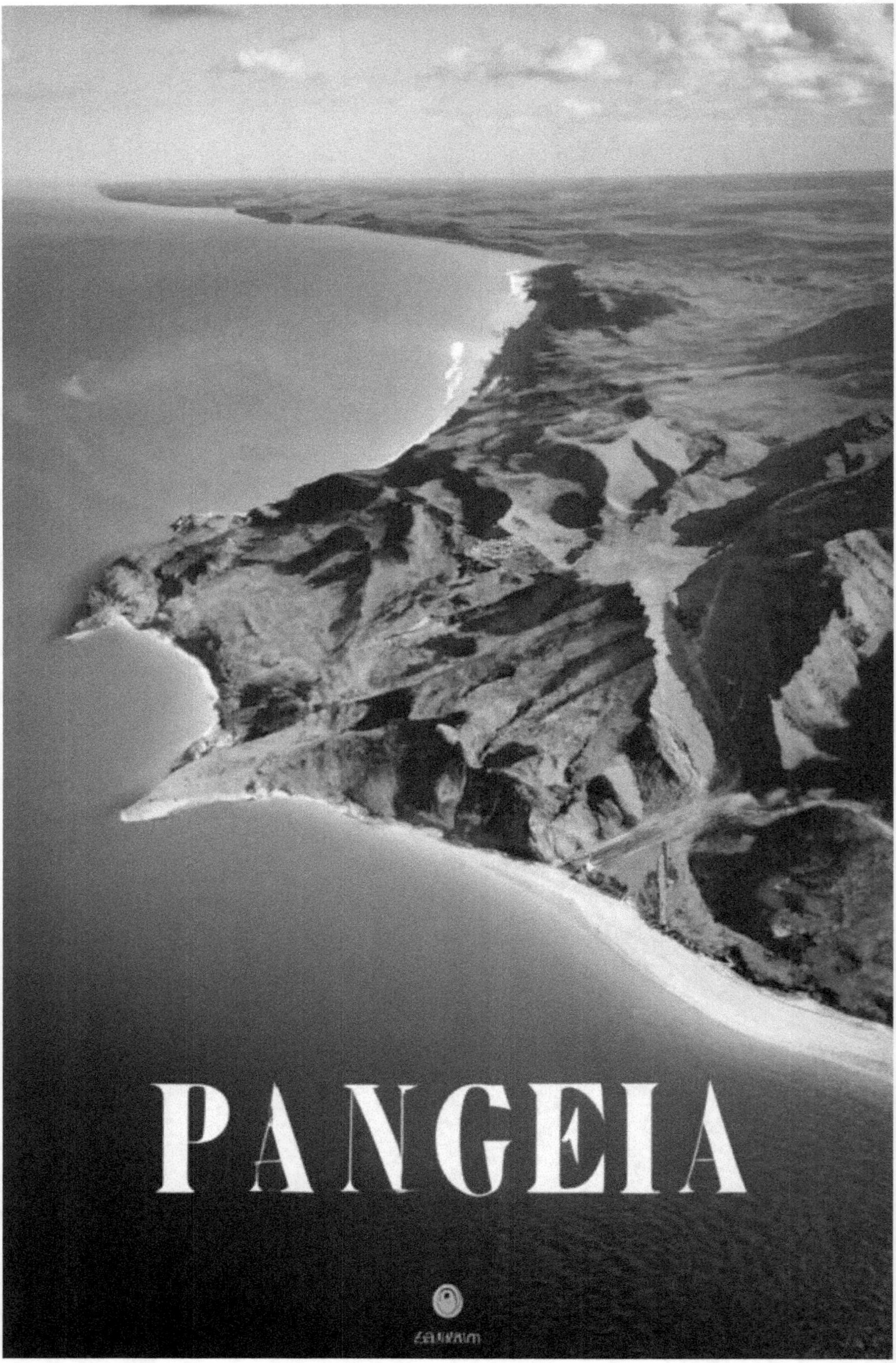

Pangeia começa há cerca de 335 milhões de anos, no final do período Devoniano. Neste momento, todos os continentes atuais estavam unidos em um único supercontinente.

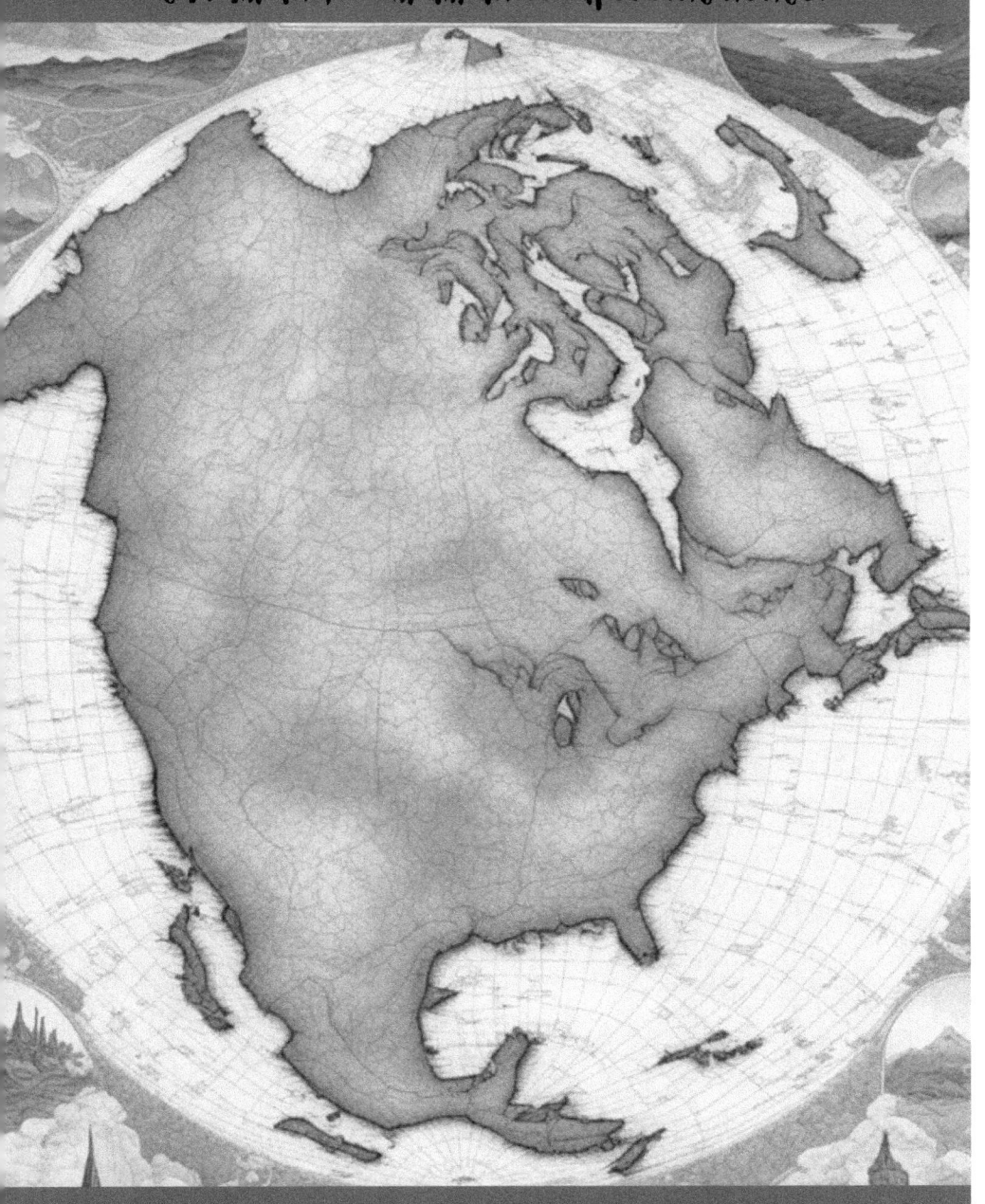

A Pangeia se estendia do polo norte ao polo sul. A Pangeia era rodeada por um único oceano global, chamado Pantalassa.

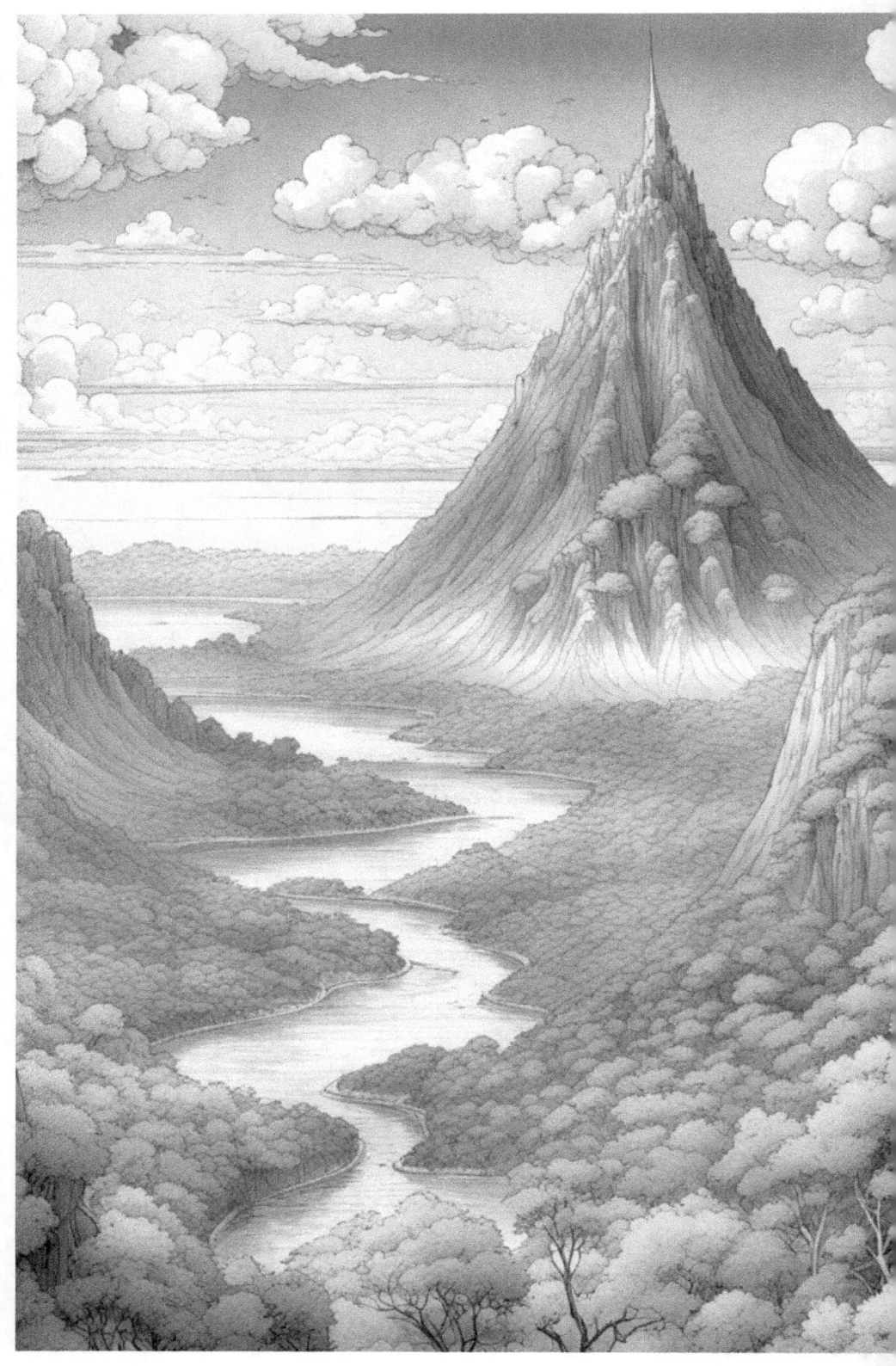

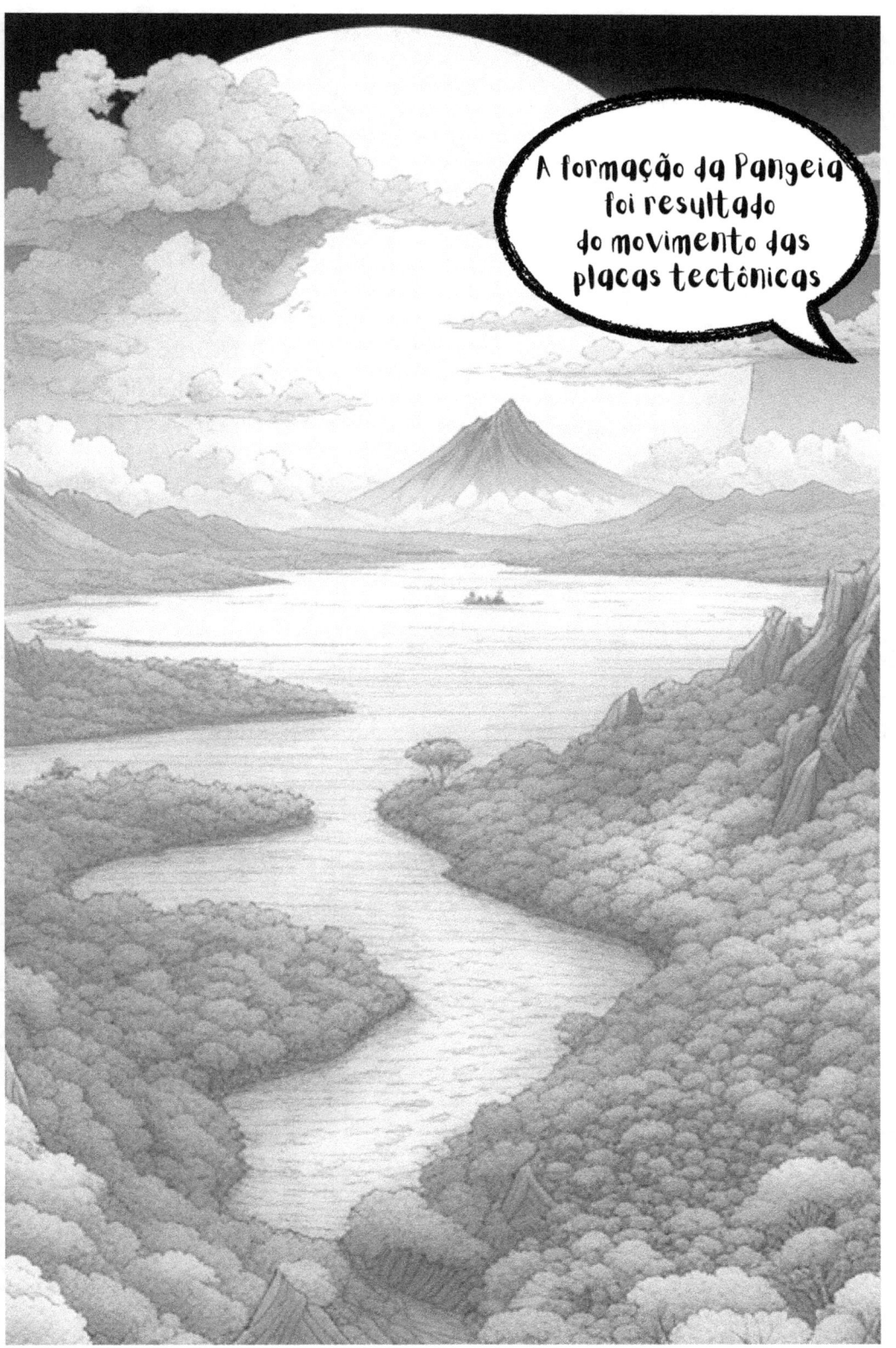

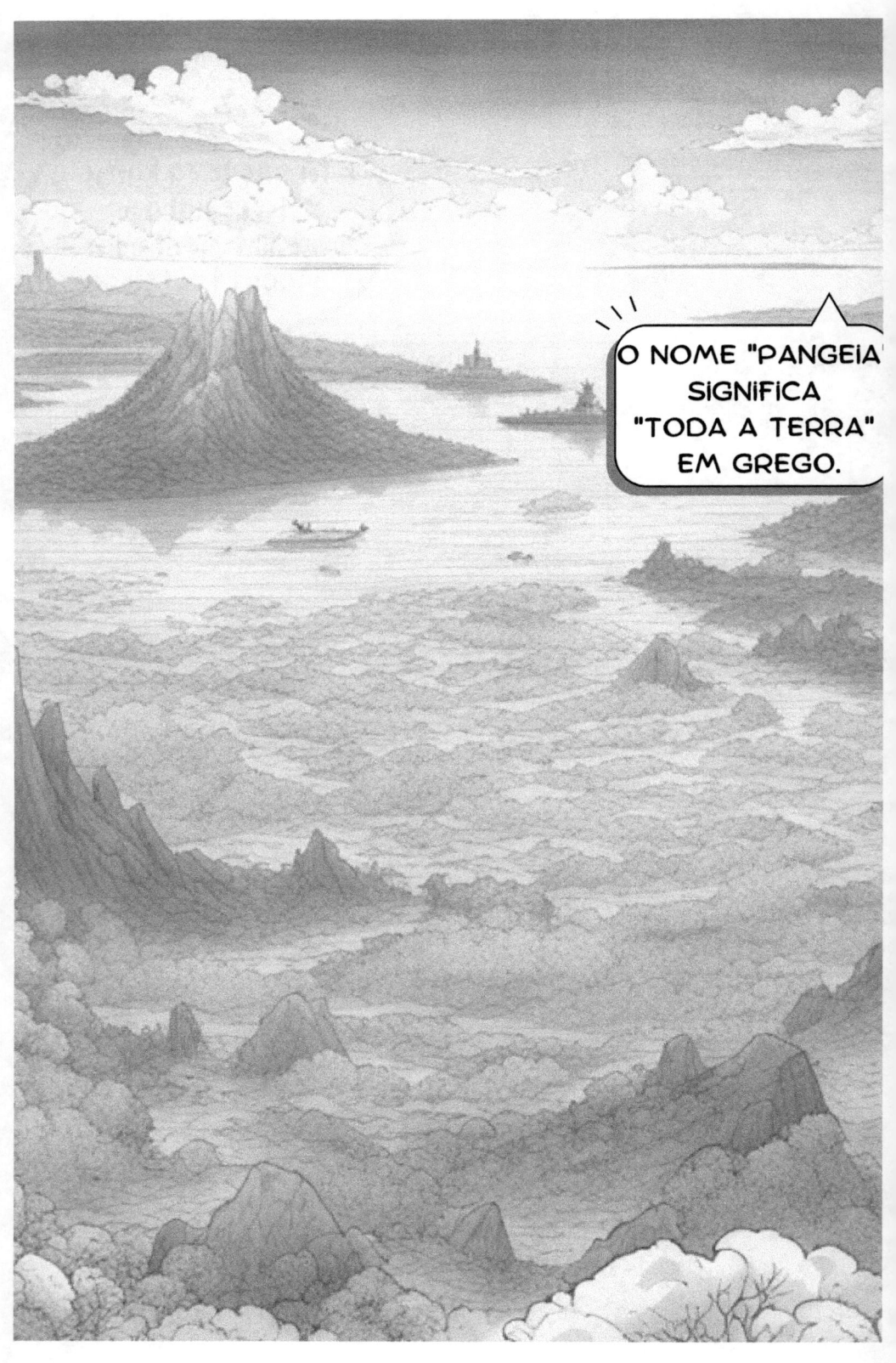

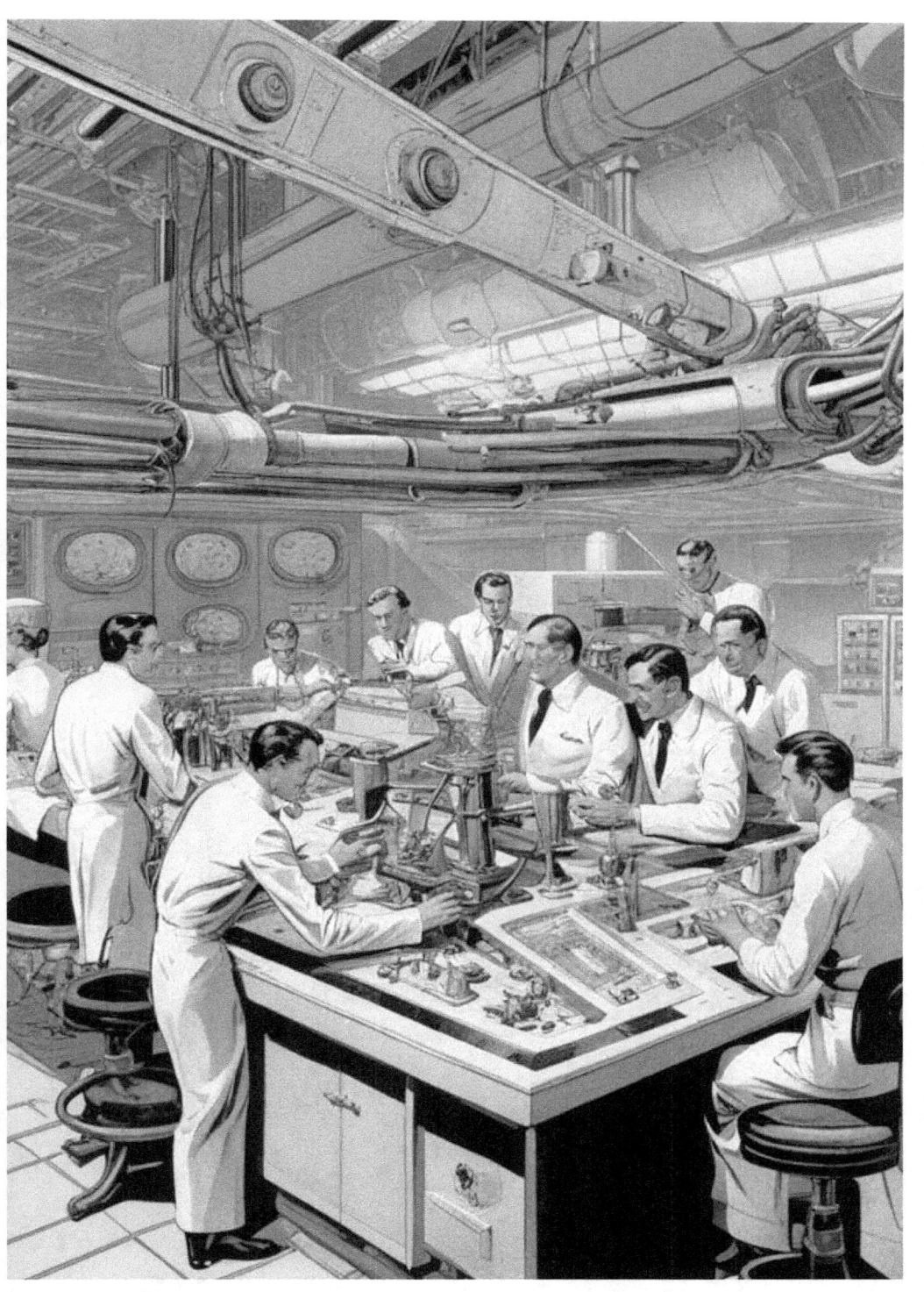

O ESTUDO DA PANGEIA TAMBÉM É IMPORTANTE PARA O ESTUDO DA EVOLUÇÃO DA VIDA NA TERRA.

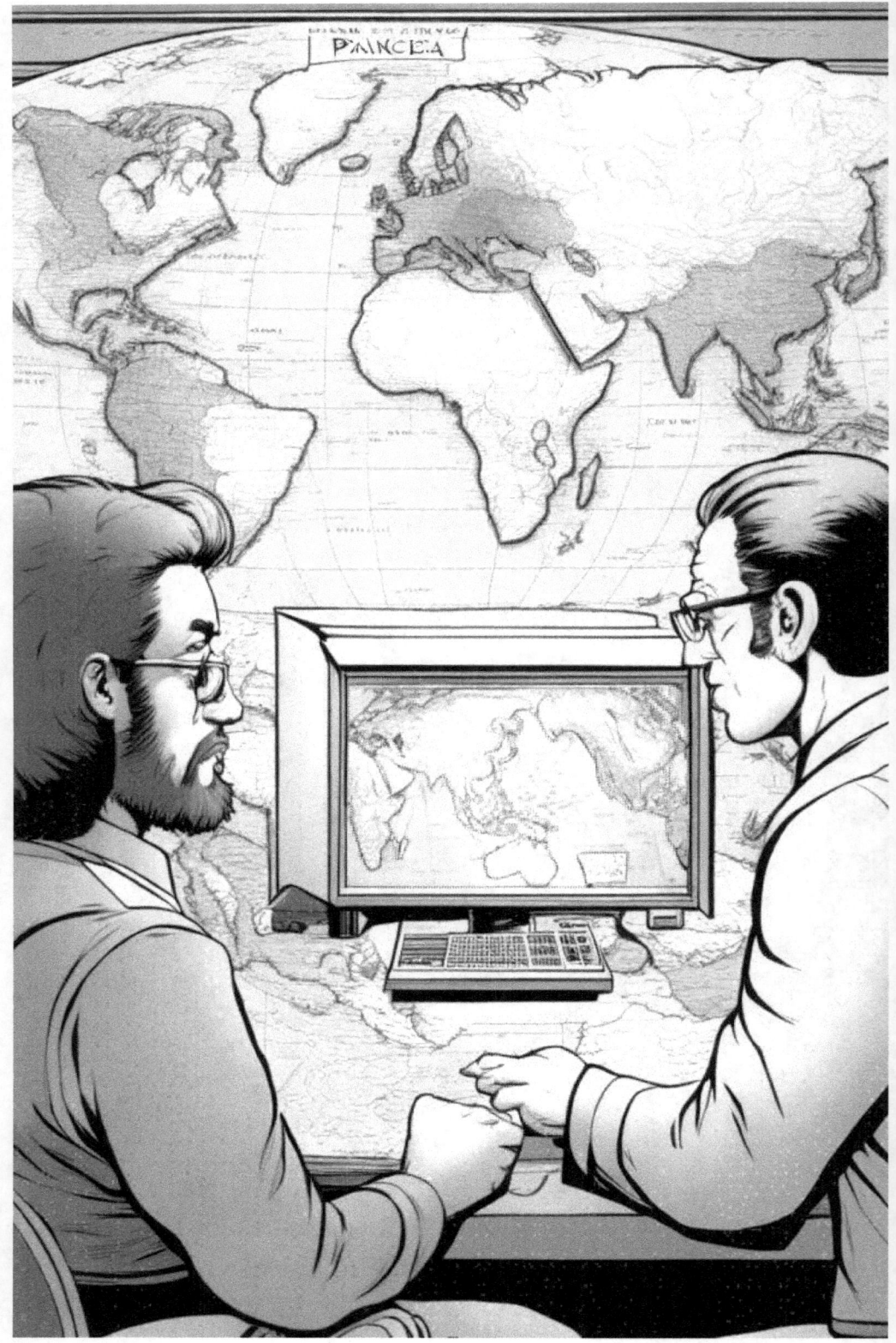

A PANGEIA COMEÇOU A SE FRAGMENTAR HÁ CERCA DE 200 MILHÕES DE ANOS, NO INÍCIO DO PERÍODO JURÁSSICO.

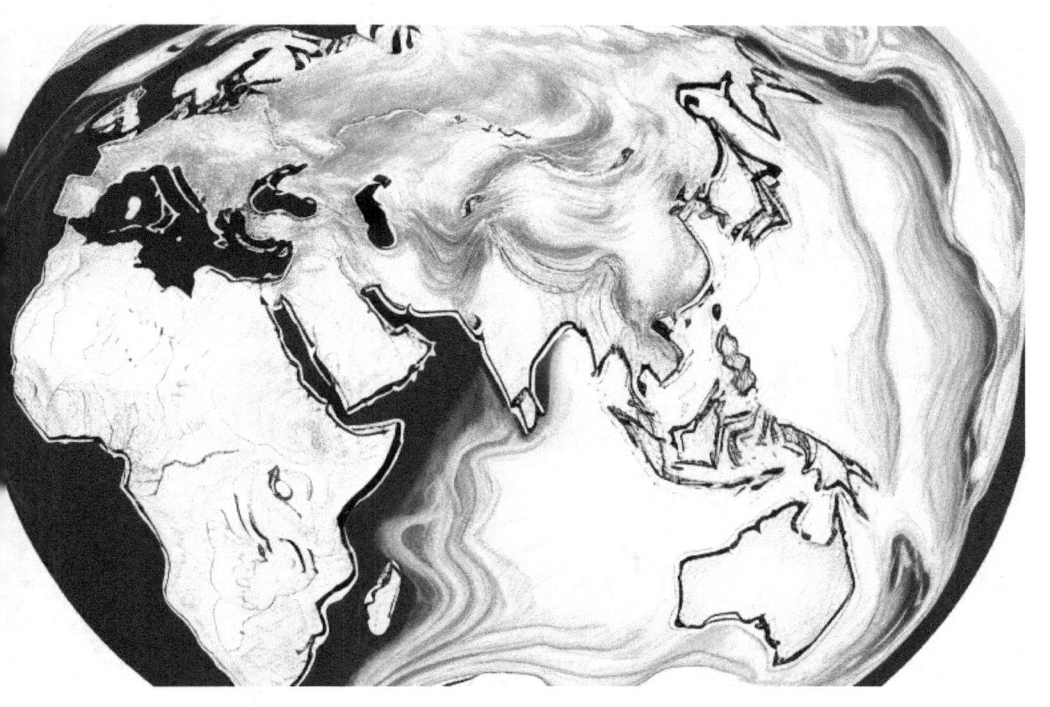

FRAGMENTAÇÃO DA PANGEIA FOI CAUSADA PELO MOVIMENTO DAS PLACAS TECTÔNICAS, QUE ABRIRAM NOVOS OCEANOS ENTRE OS CONTINENTES

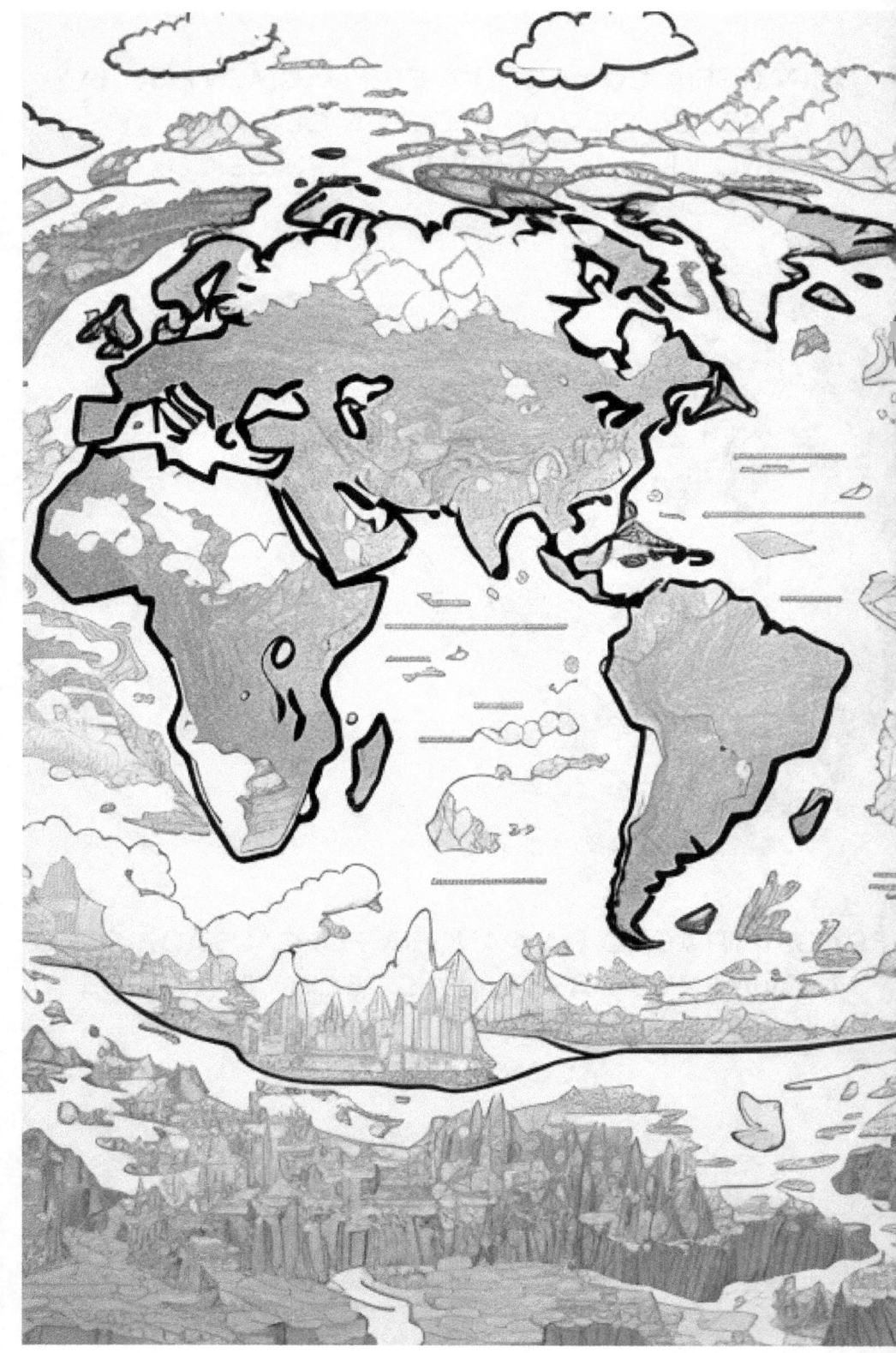

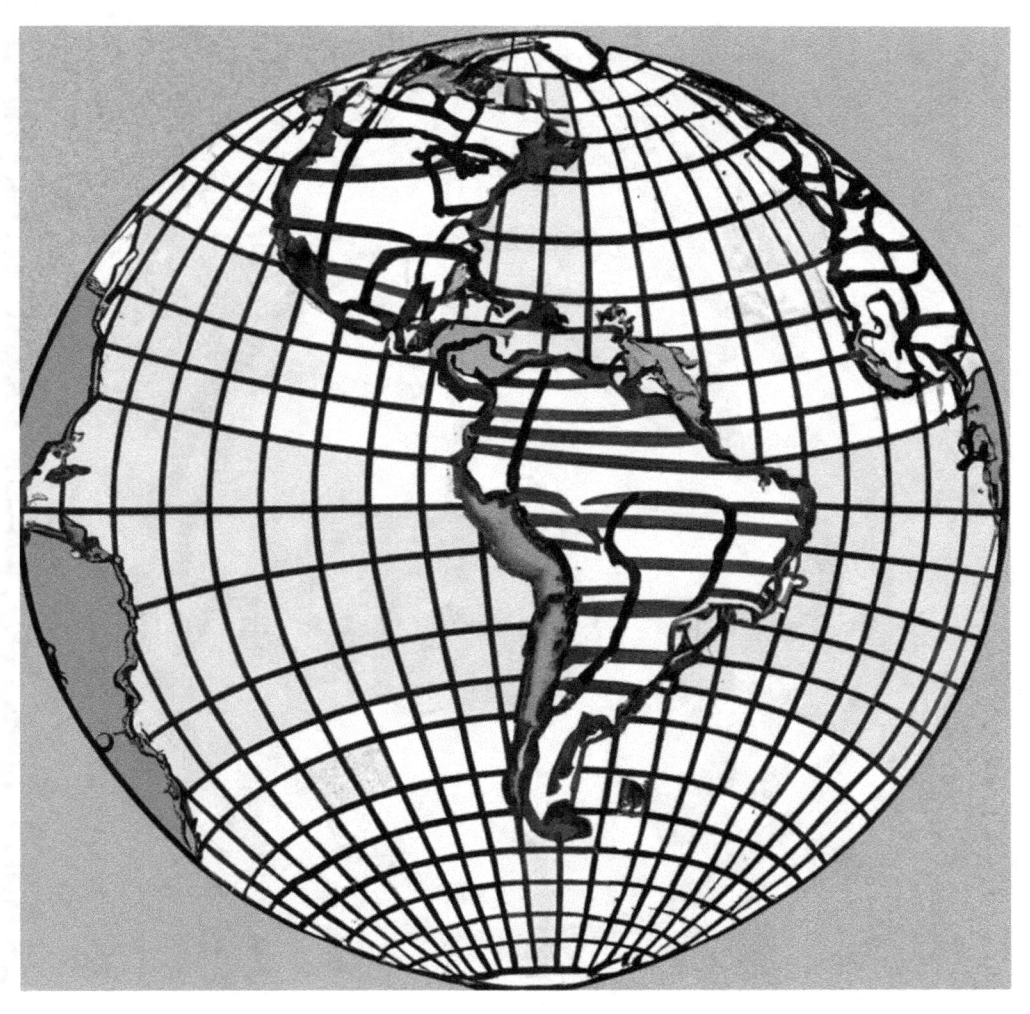

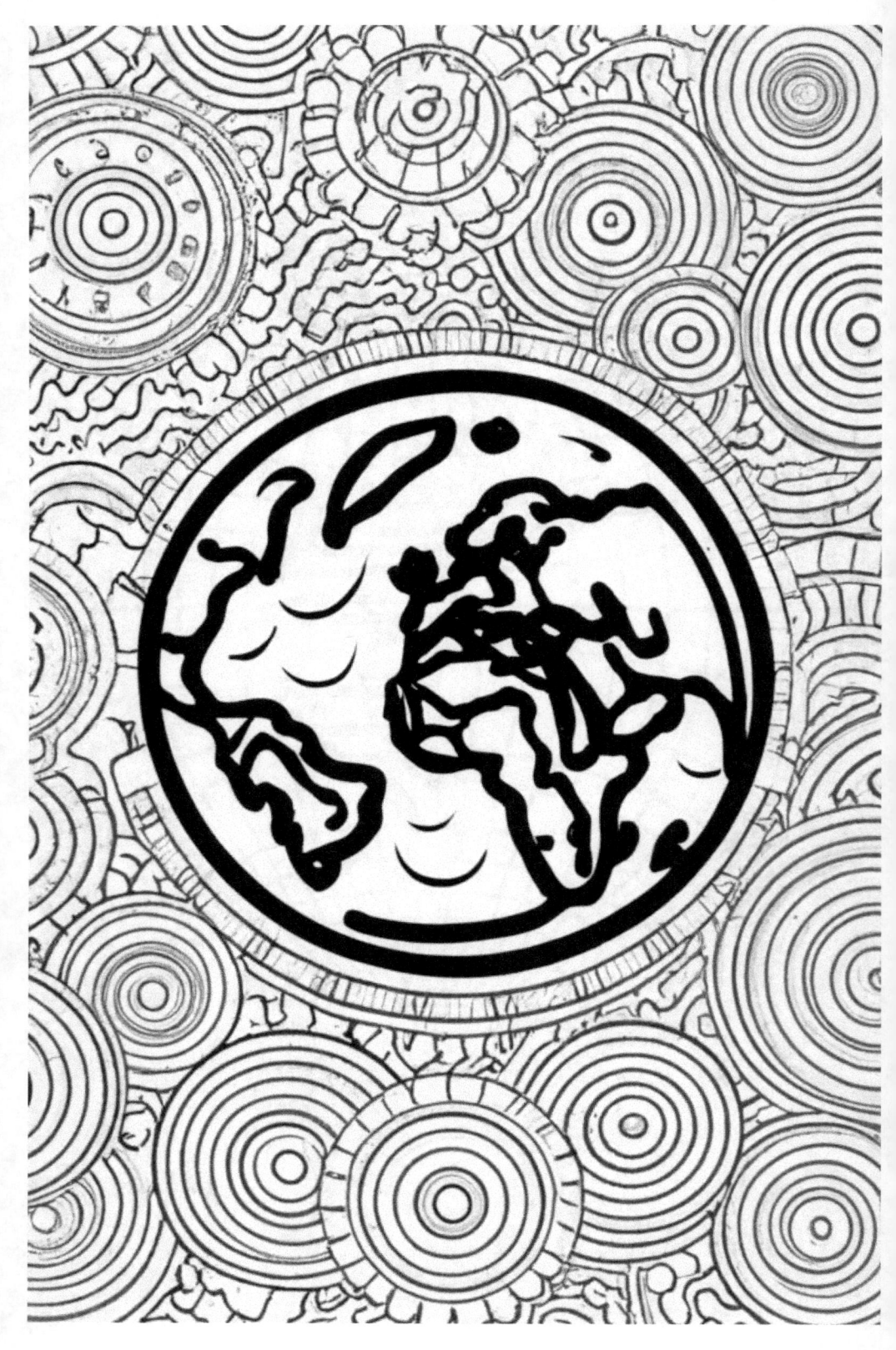

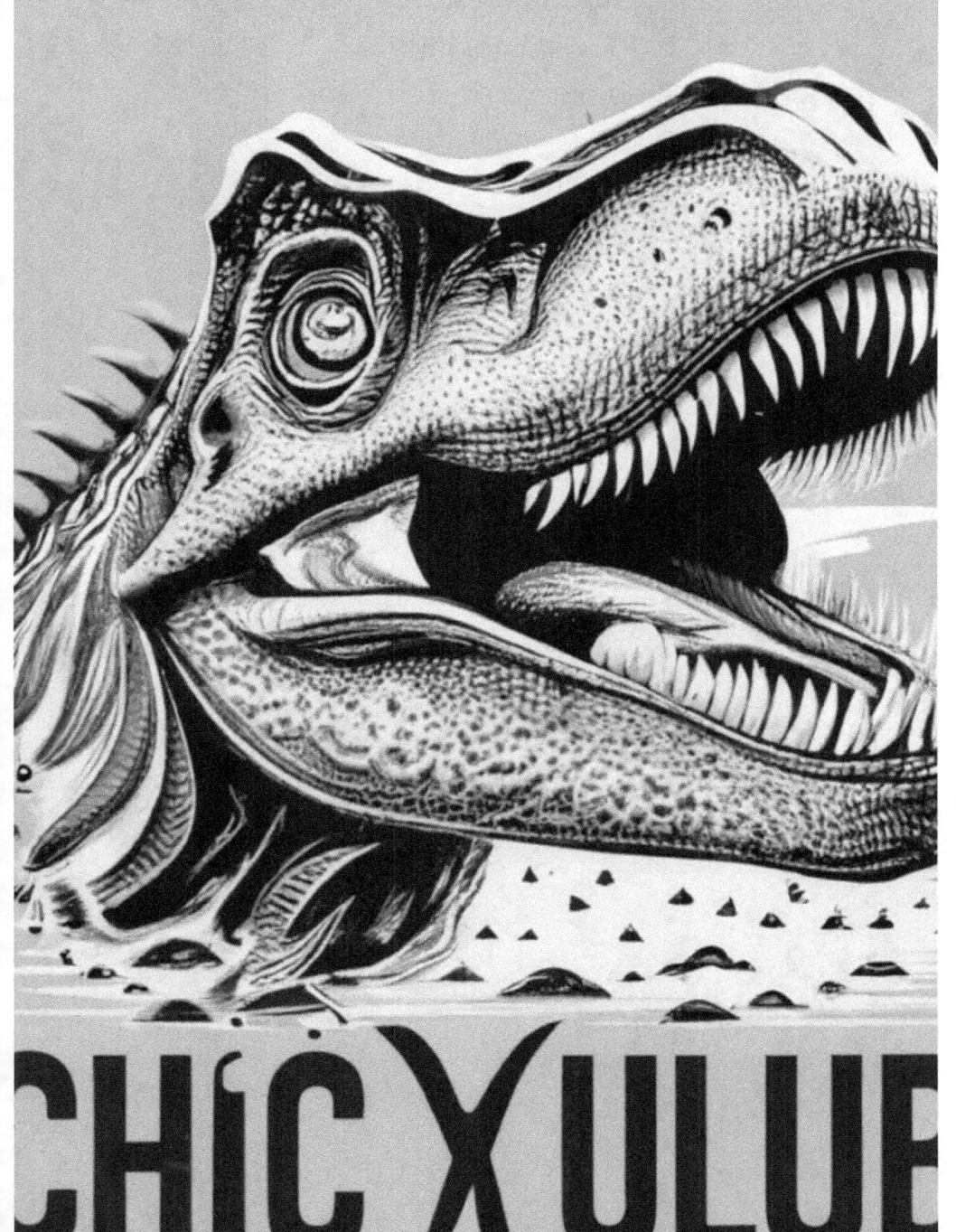

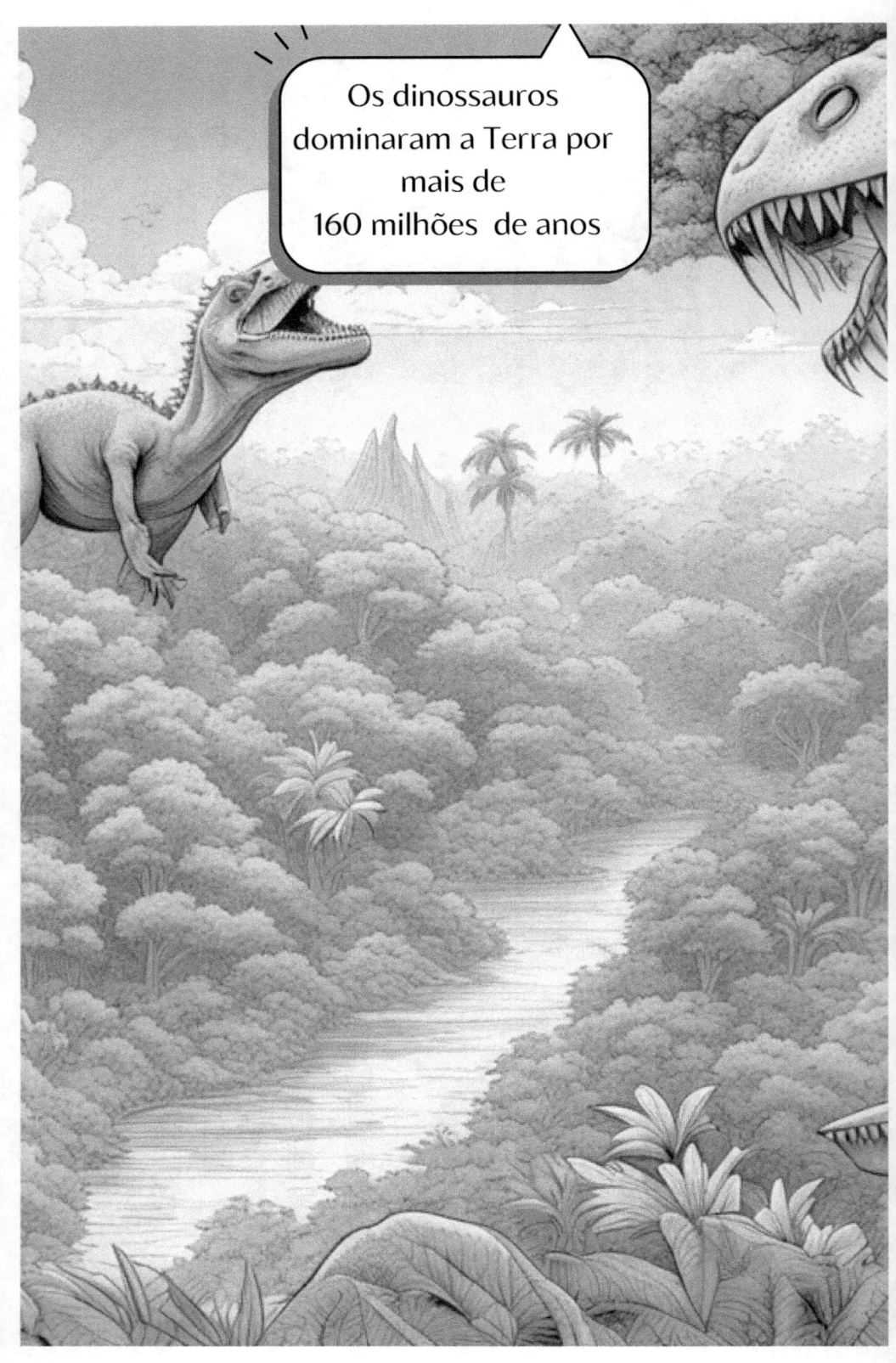

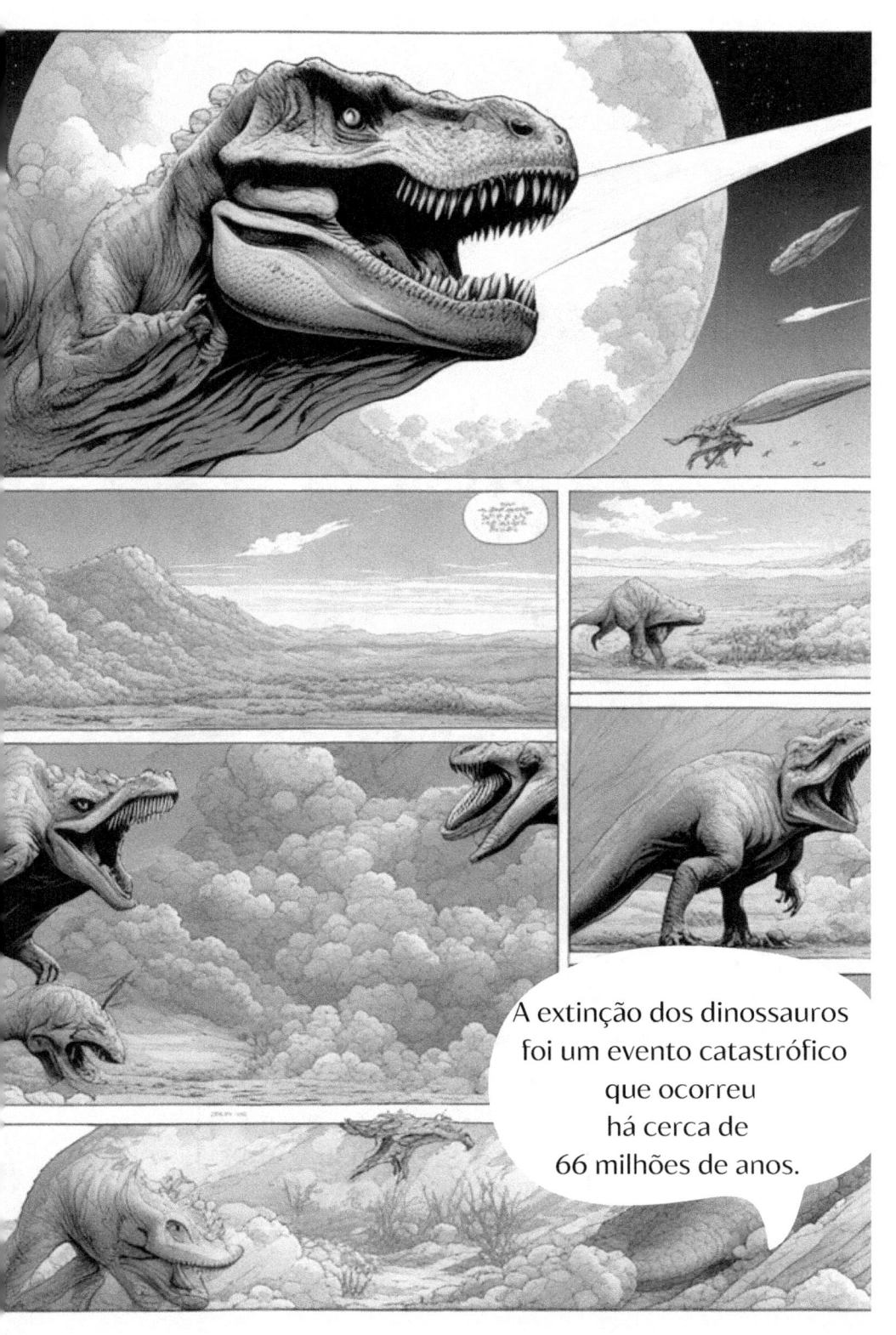

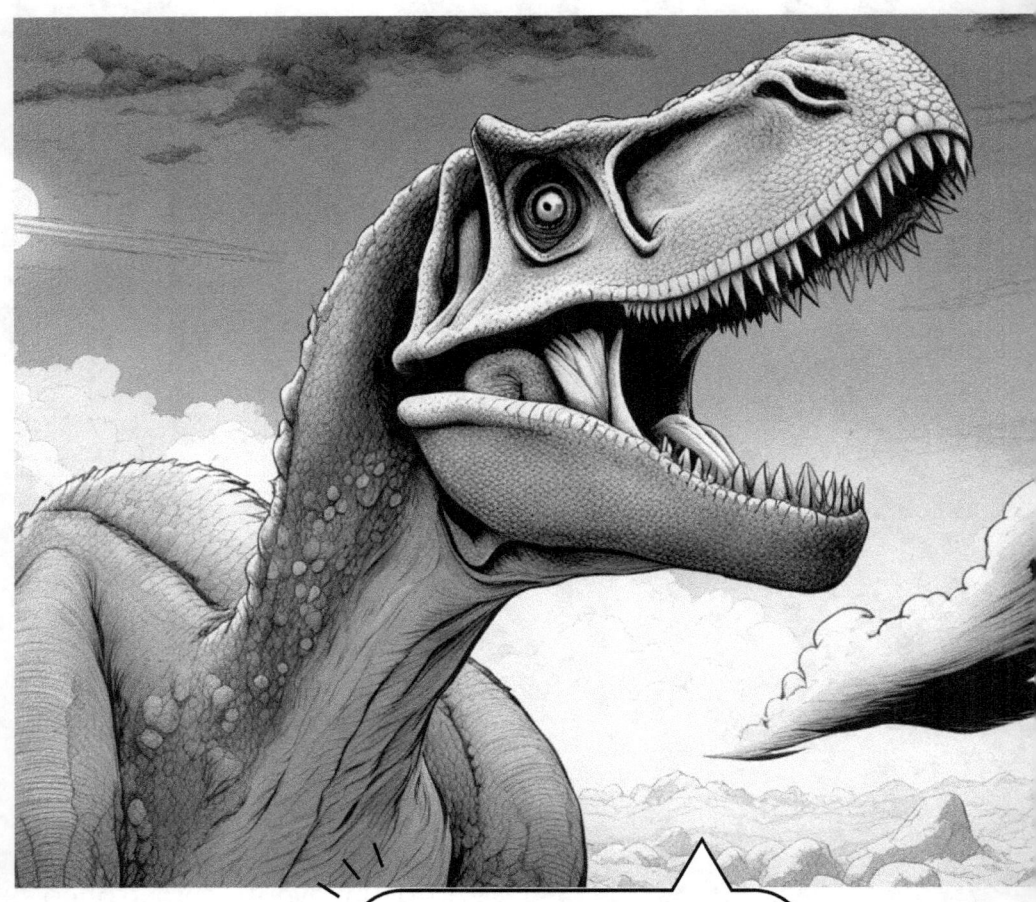

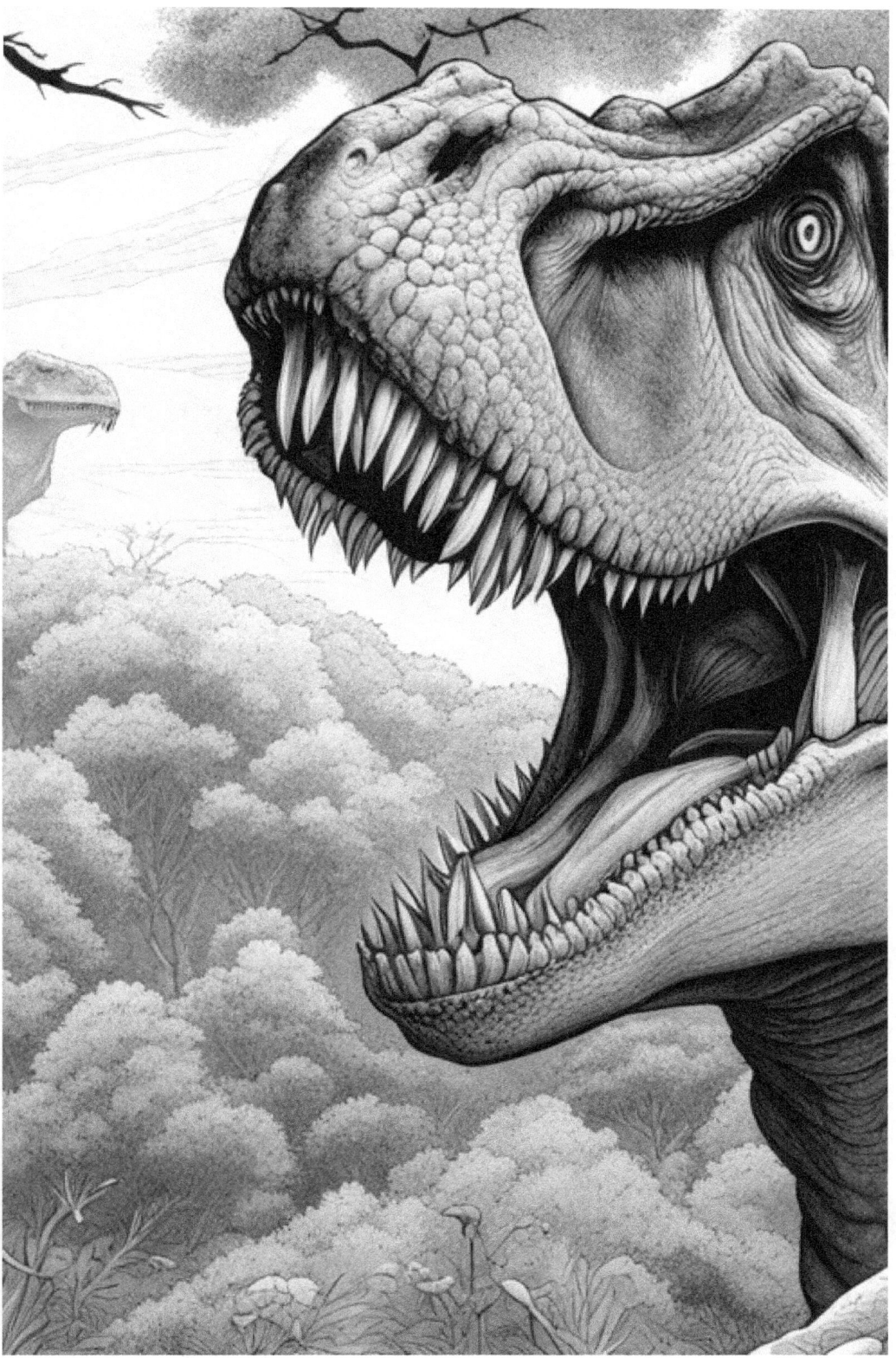

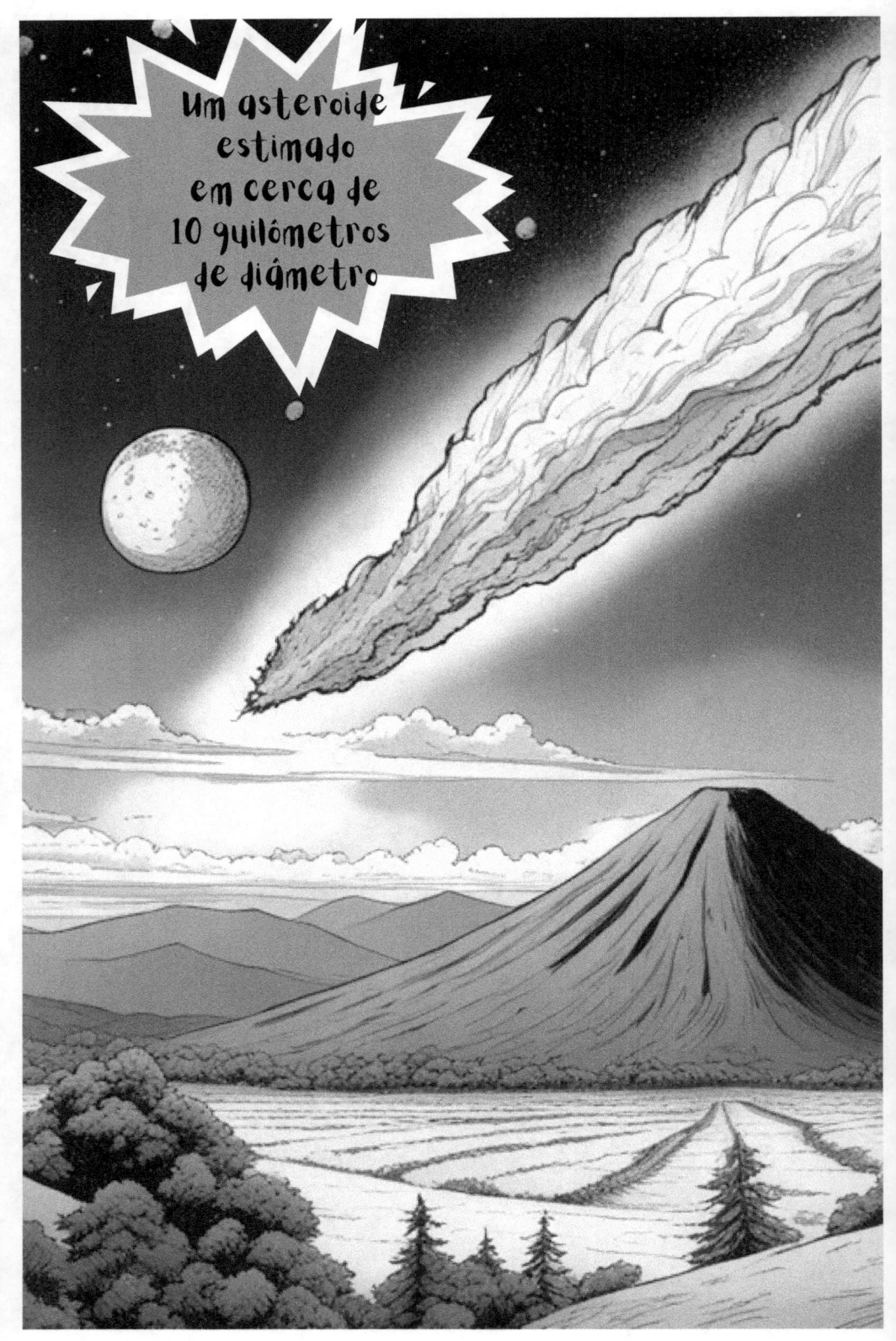

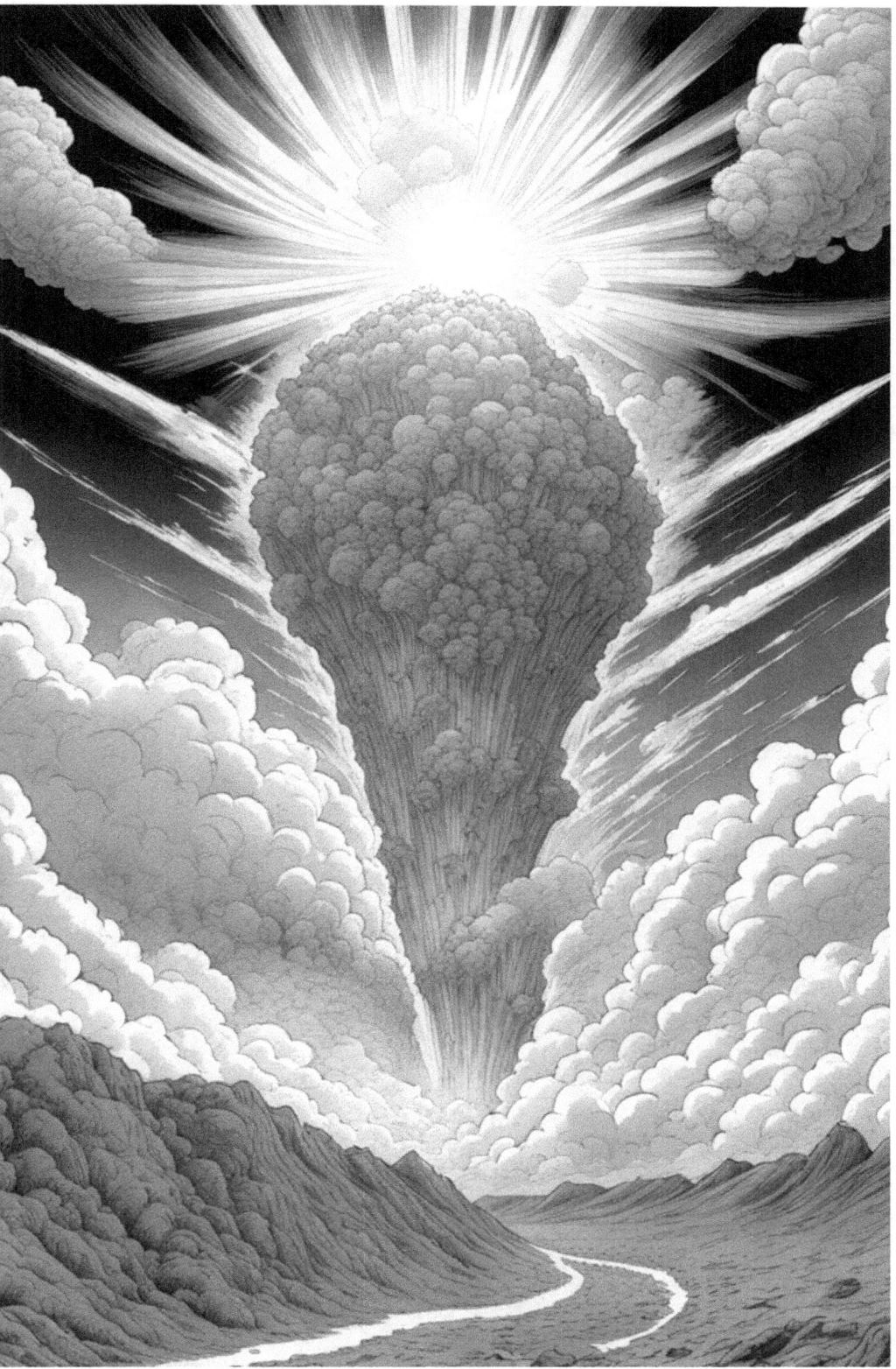

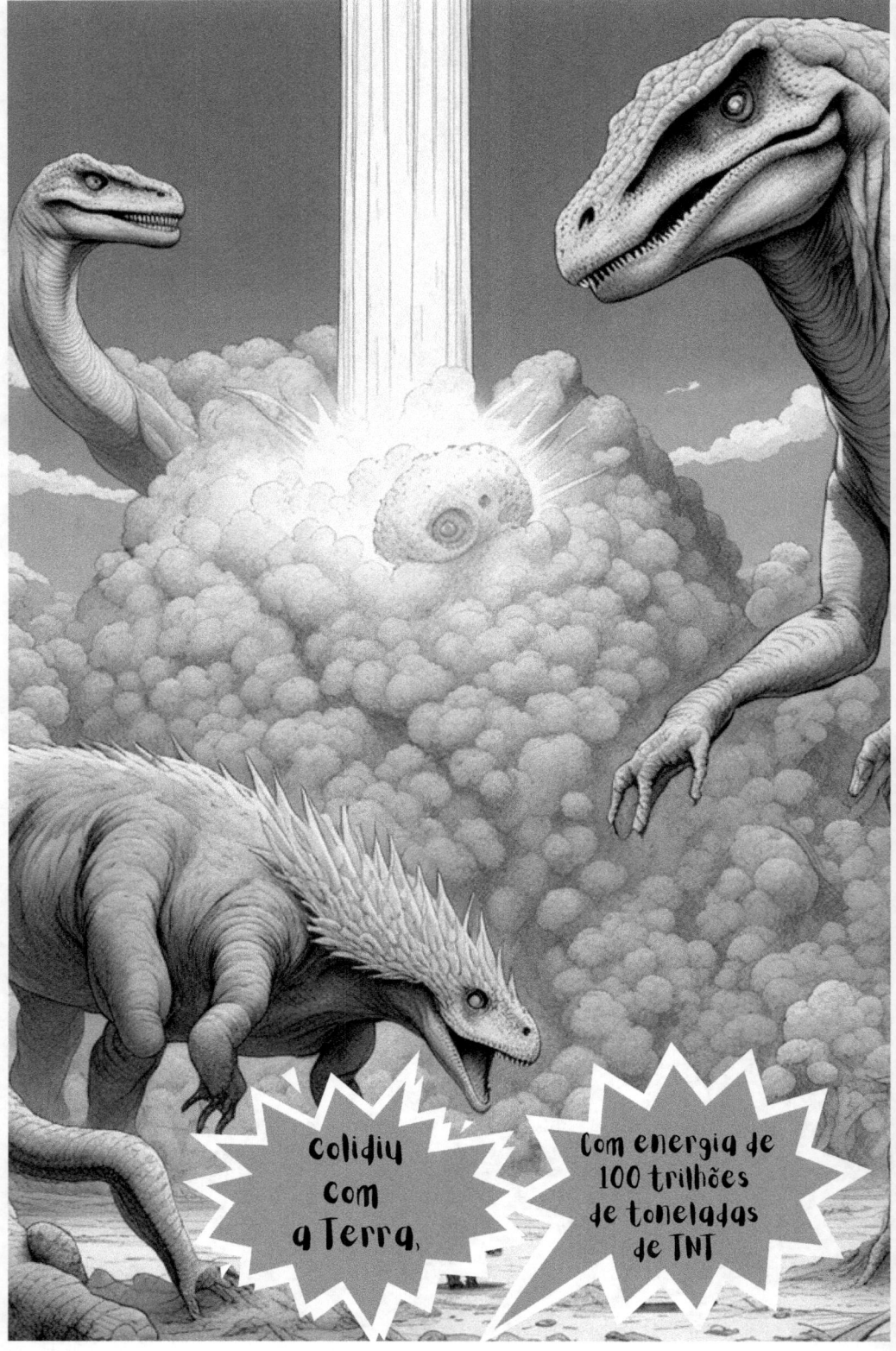

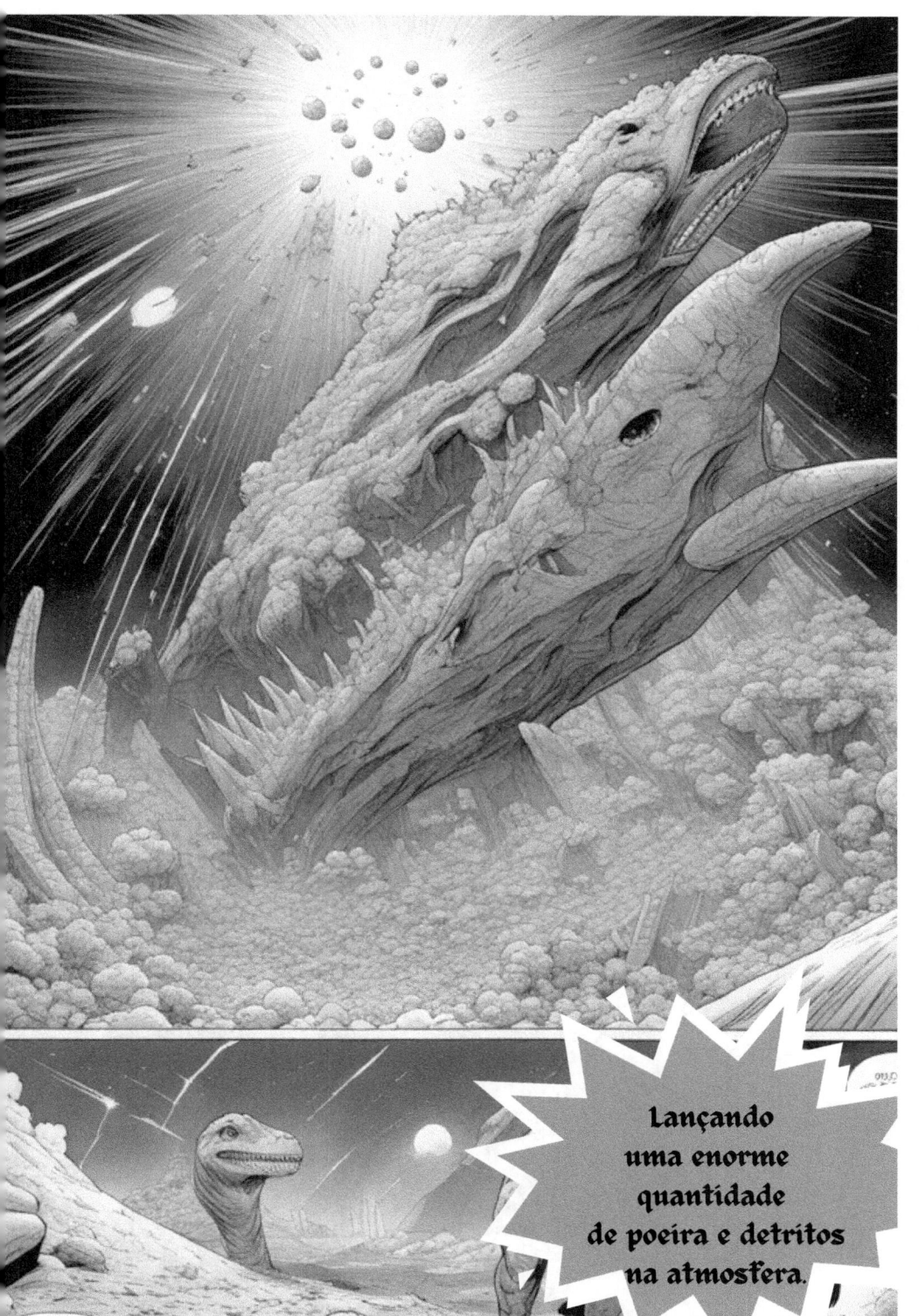

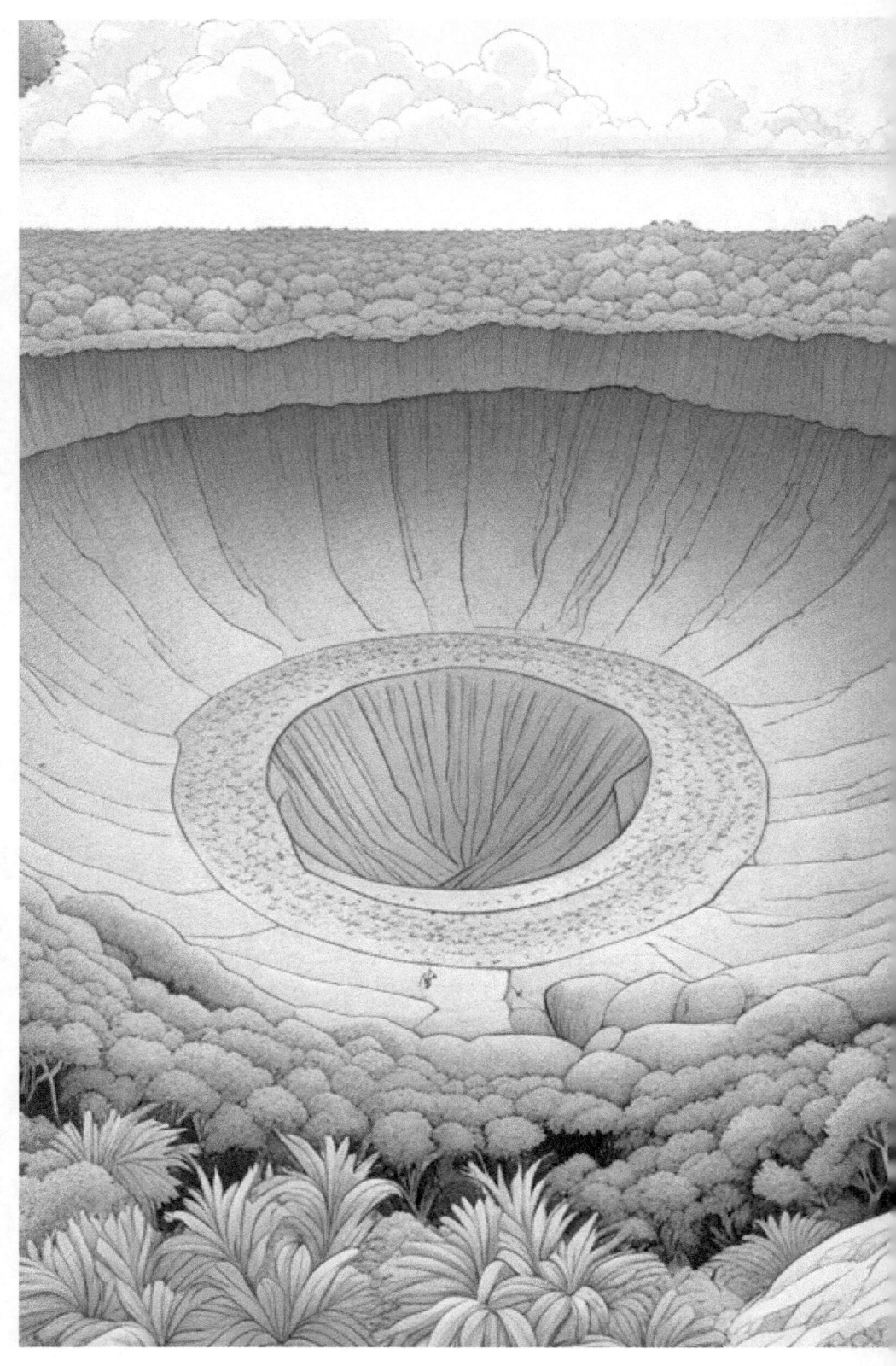

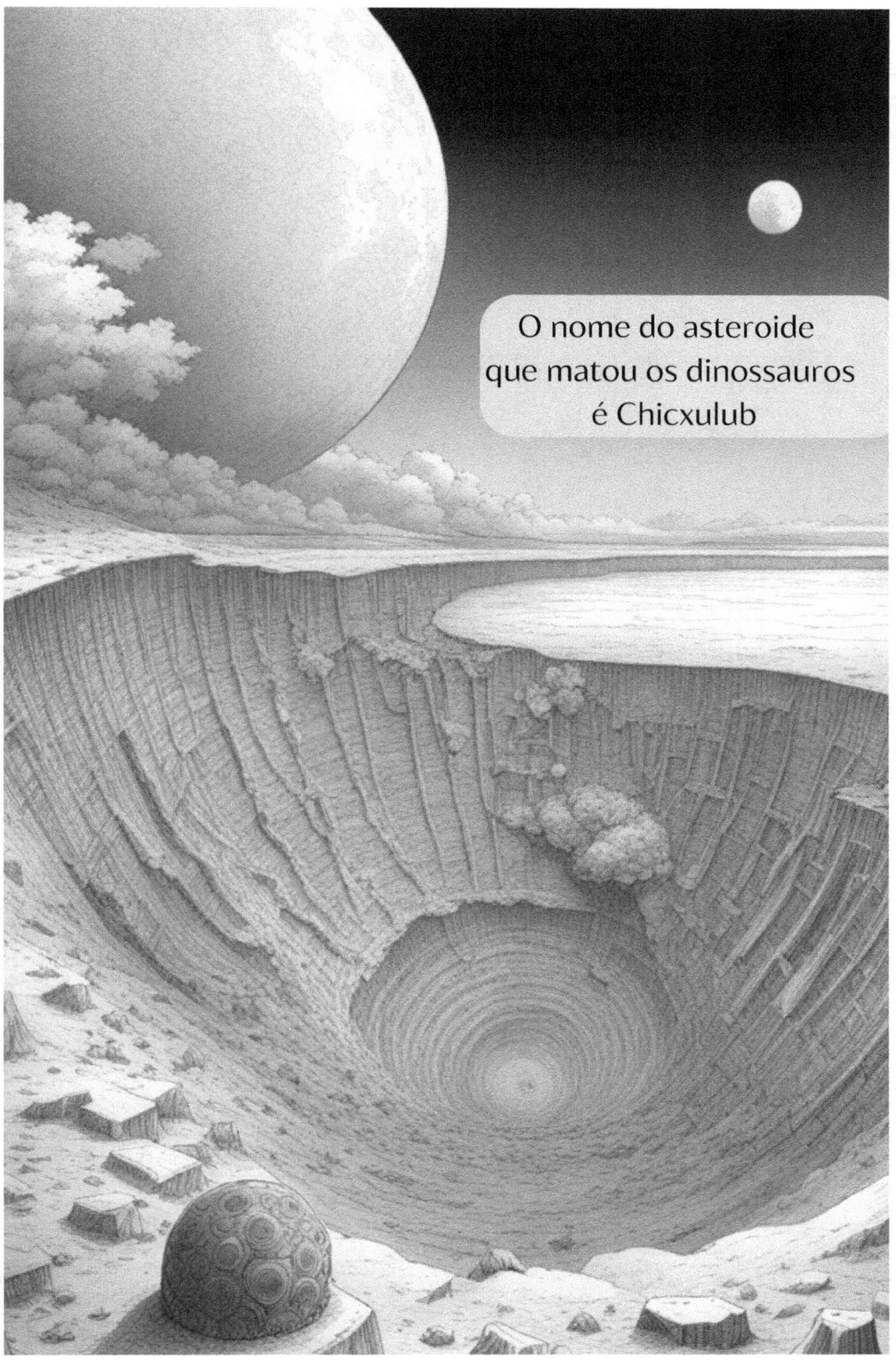

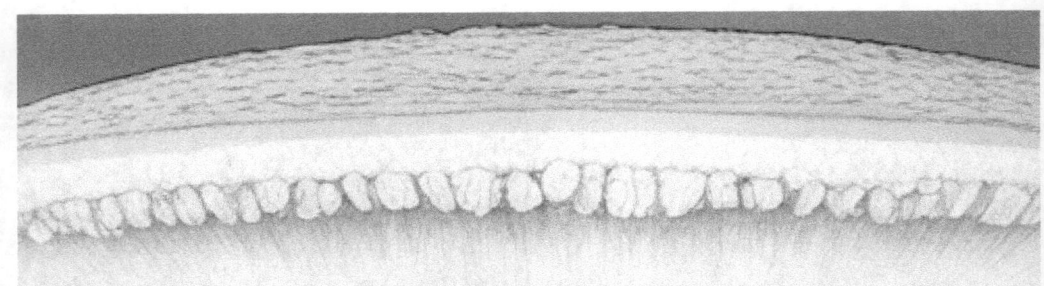

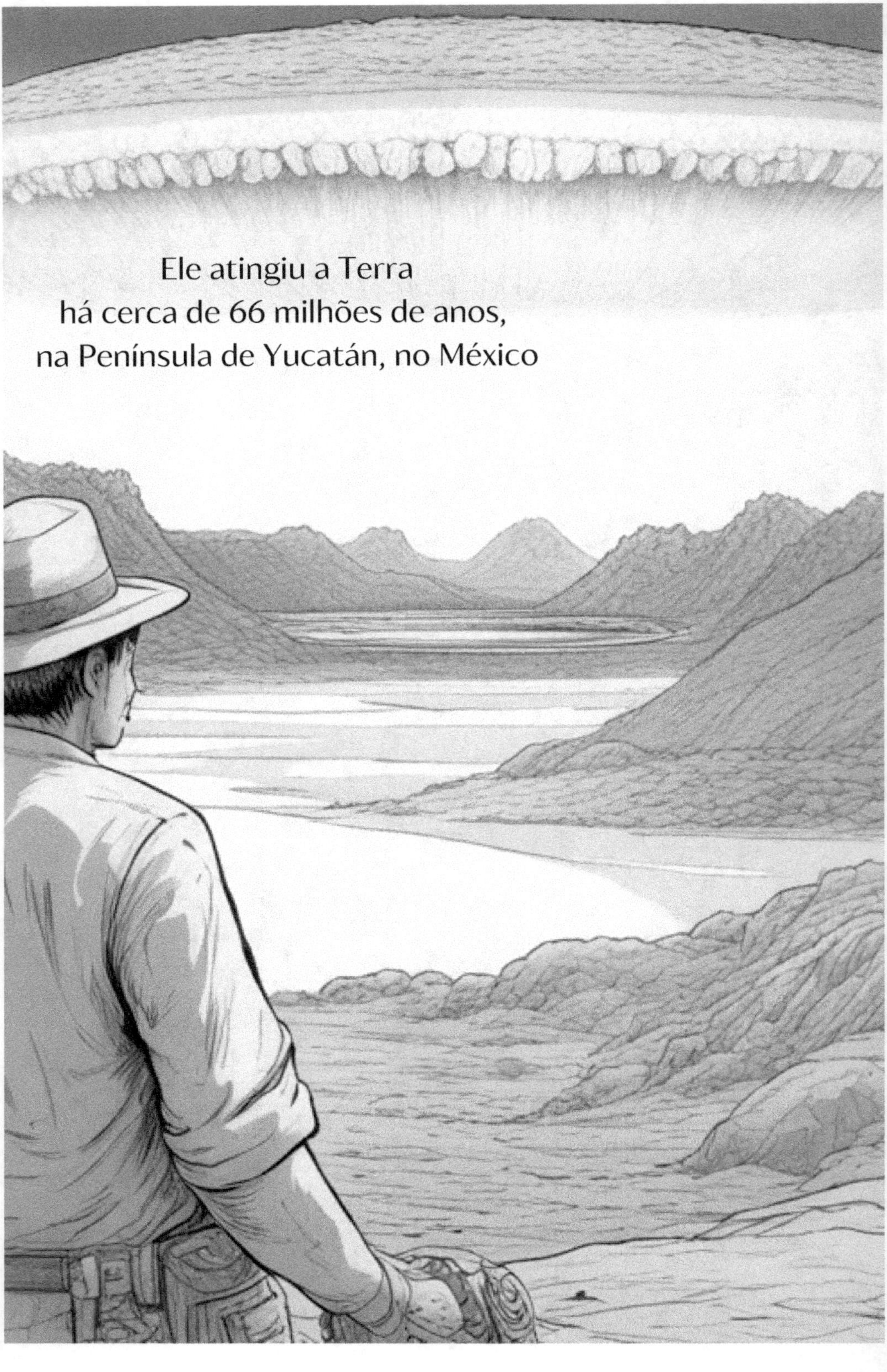

Ele atingiu a Terra
há cerca de 66 milhões de anos,
na Península de Yucatán, no México

O NOME DO ASTEROIDE CHICXULUB VEM DA CIDADE DE CHICXULUB PUERTO, QUE FICA NA PENÍNSULA DE YUCATÁN.

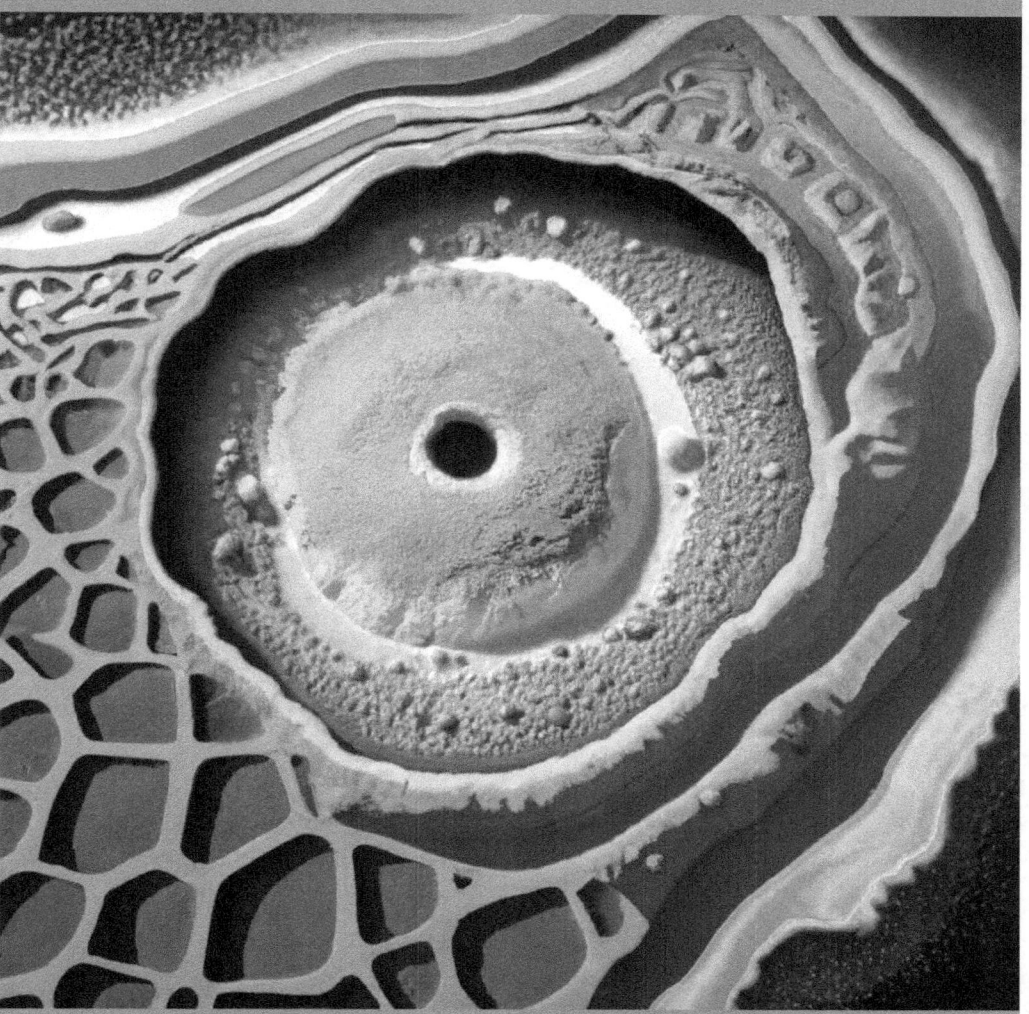

A cratera do impacto do asteroide foi descoberta em 1978 por uma equipe de geólogos mexicanos.

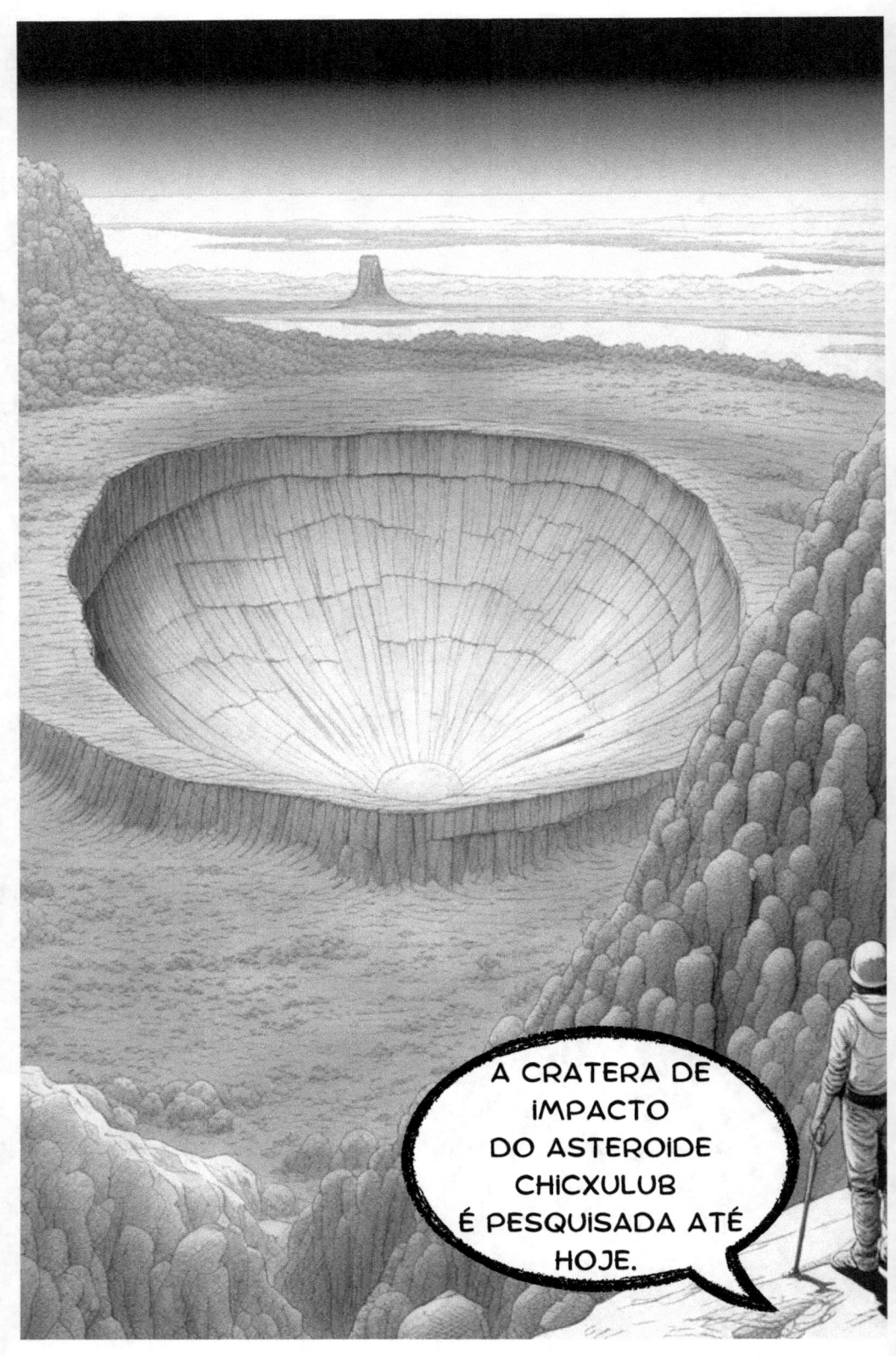

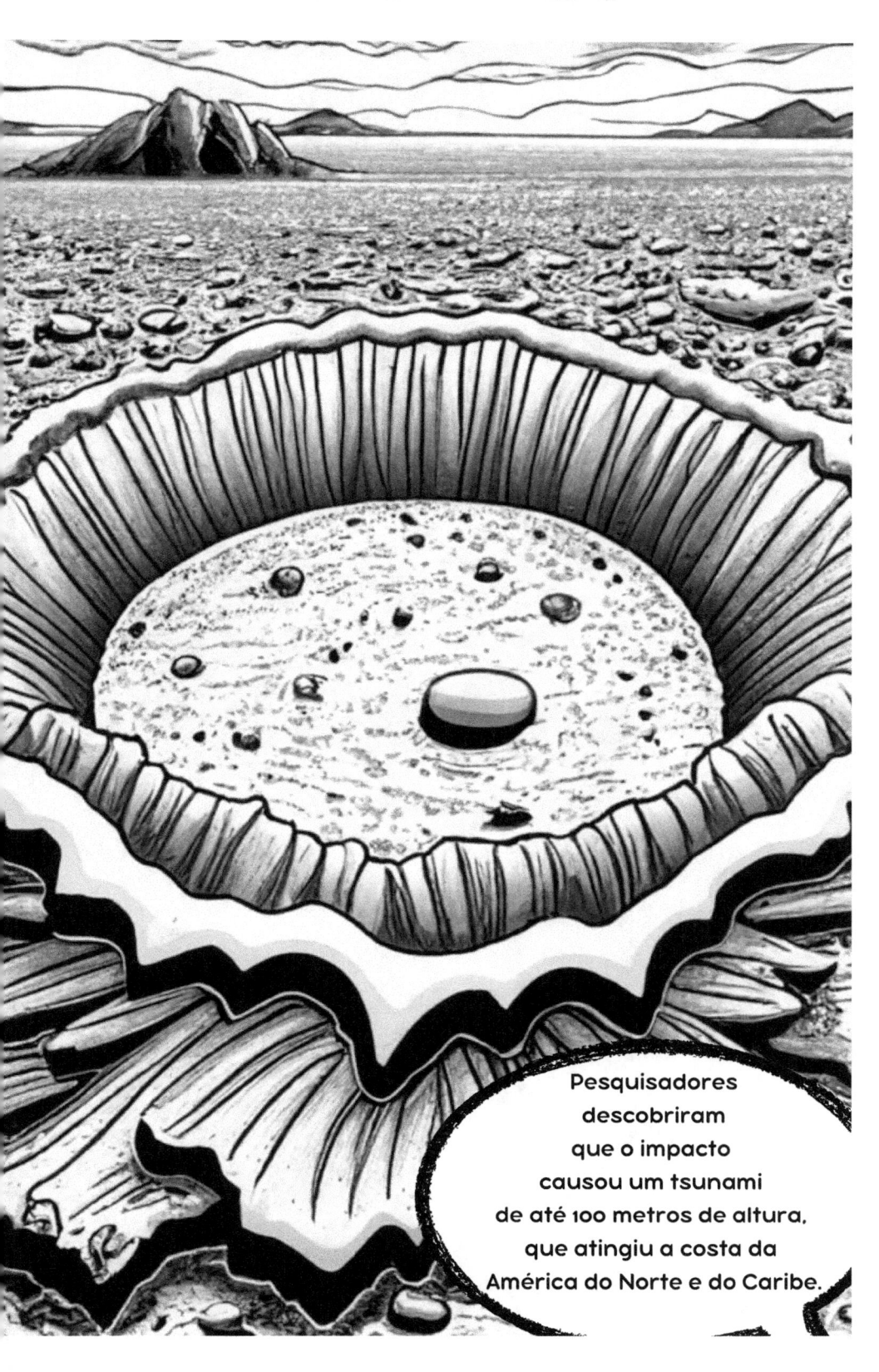

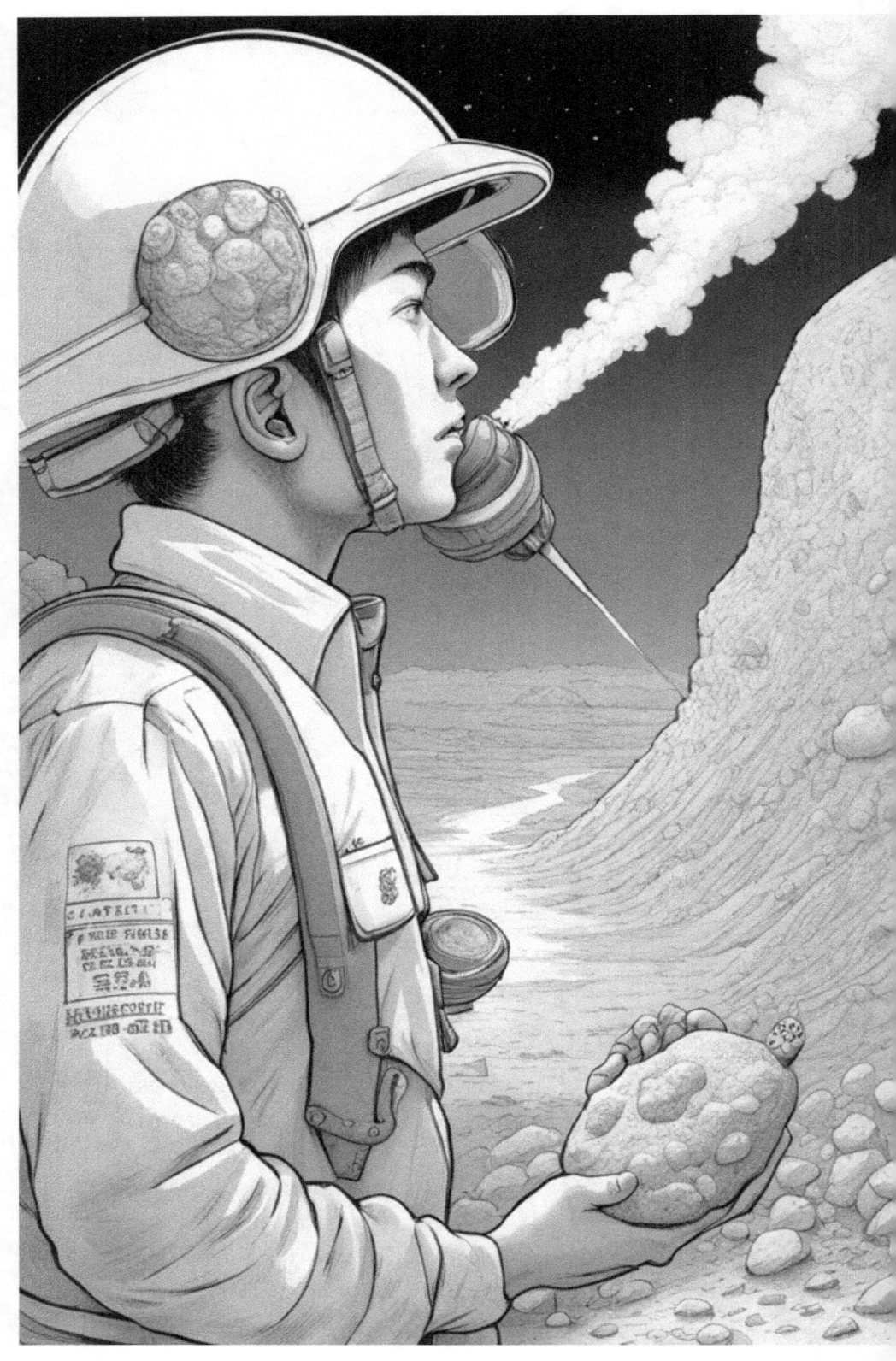

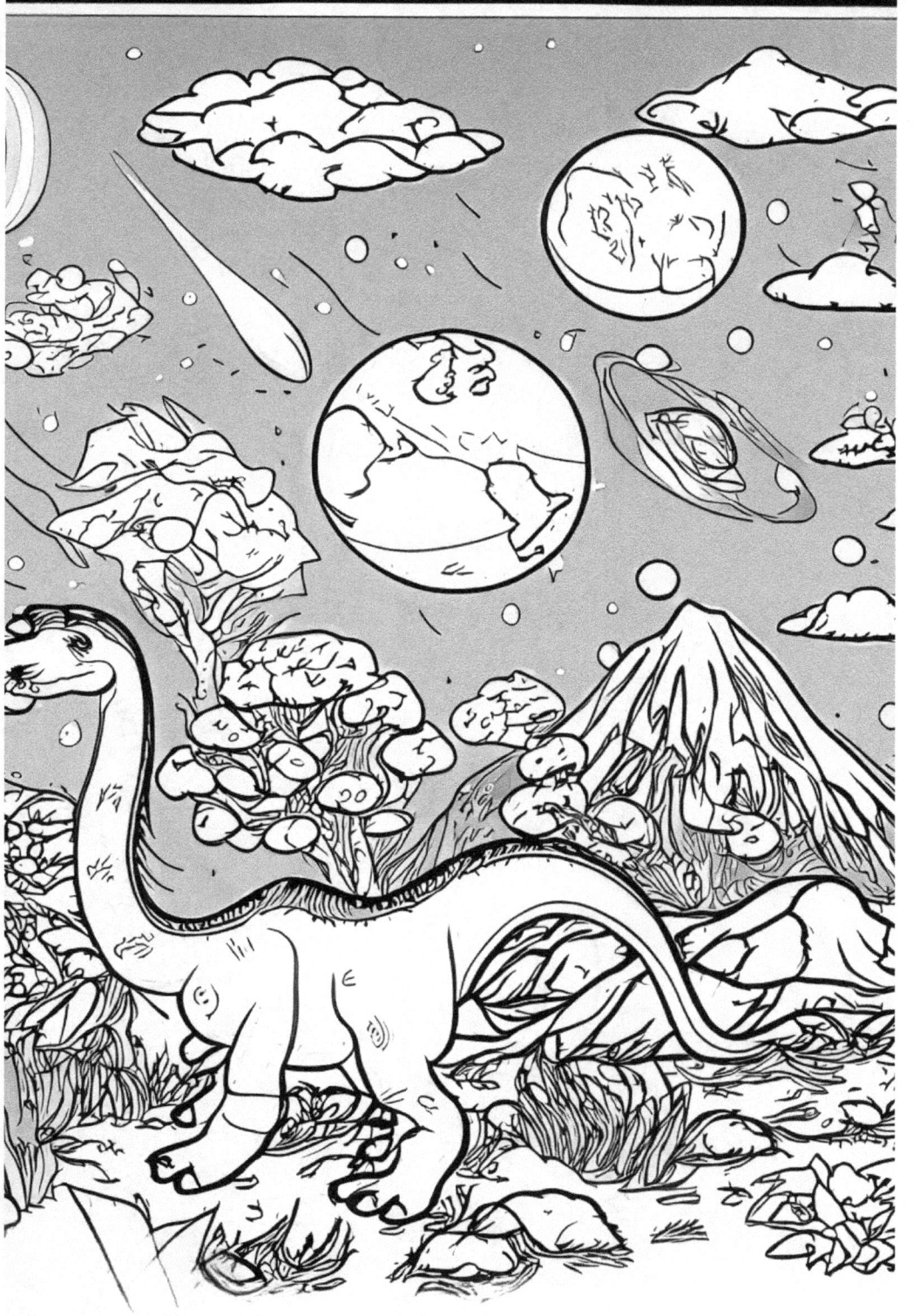

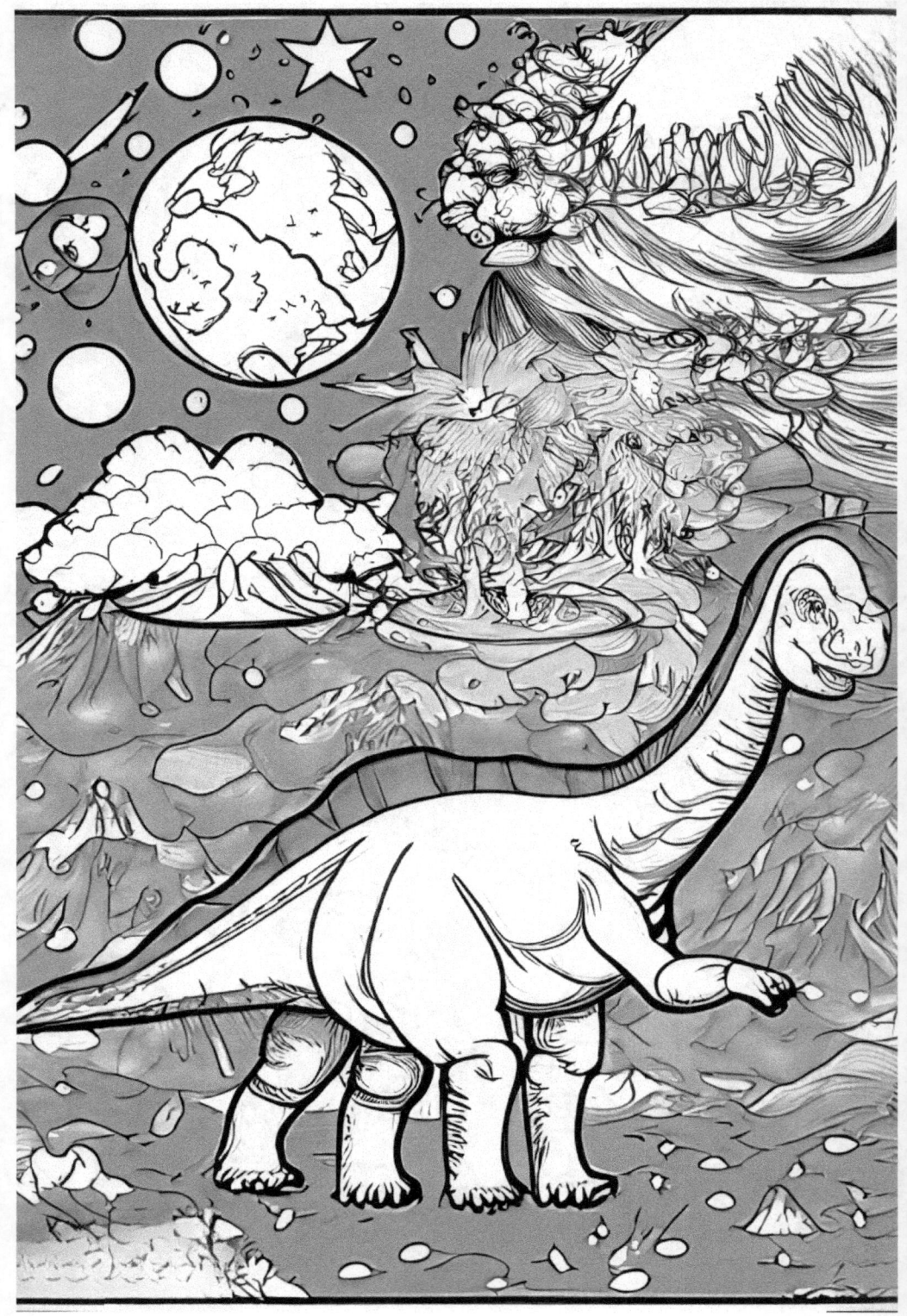

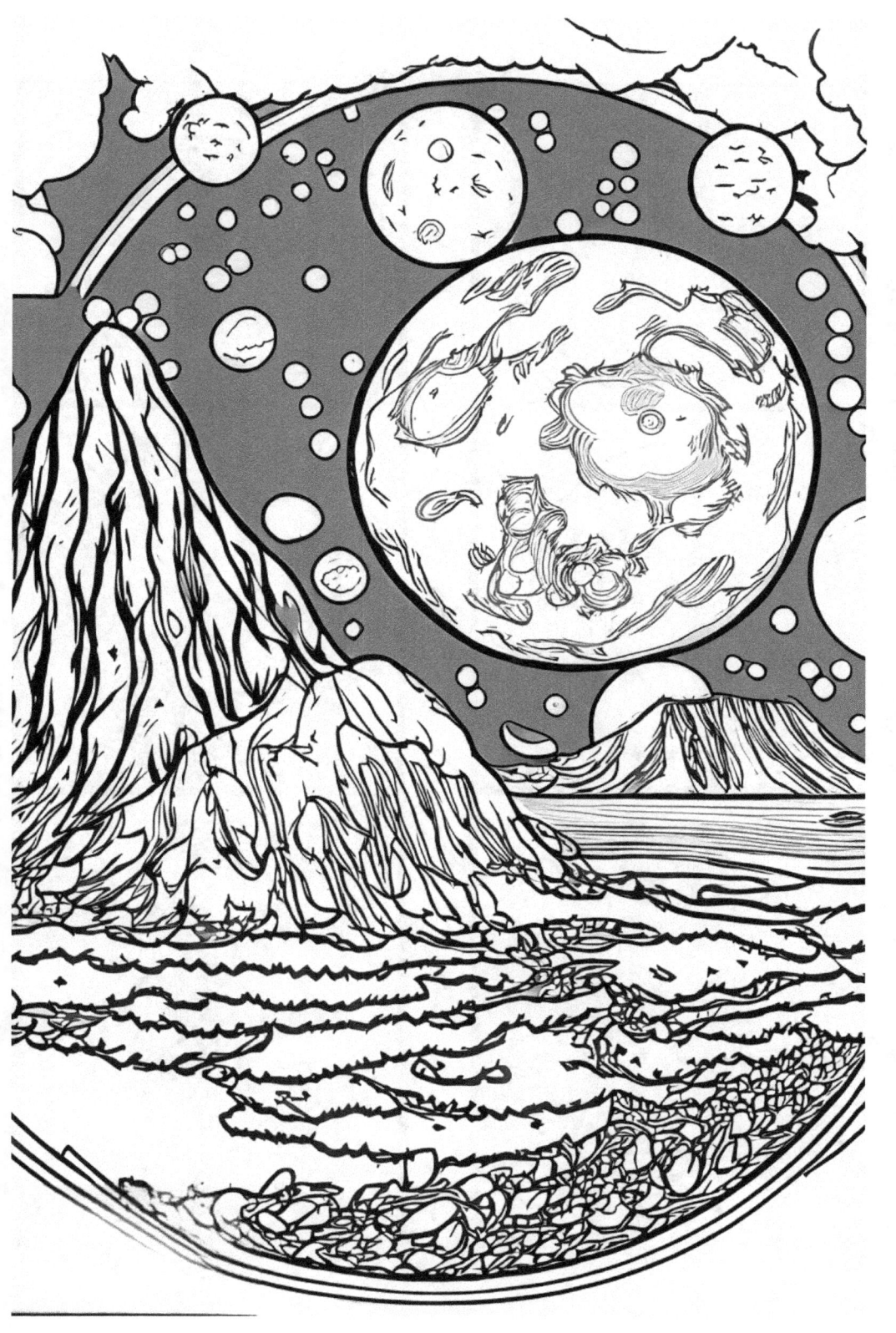

De . Vida

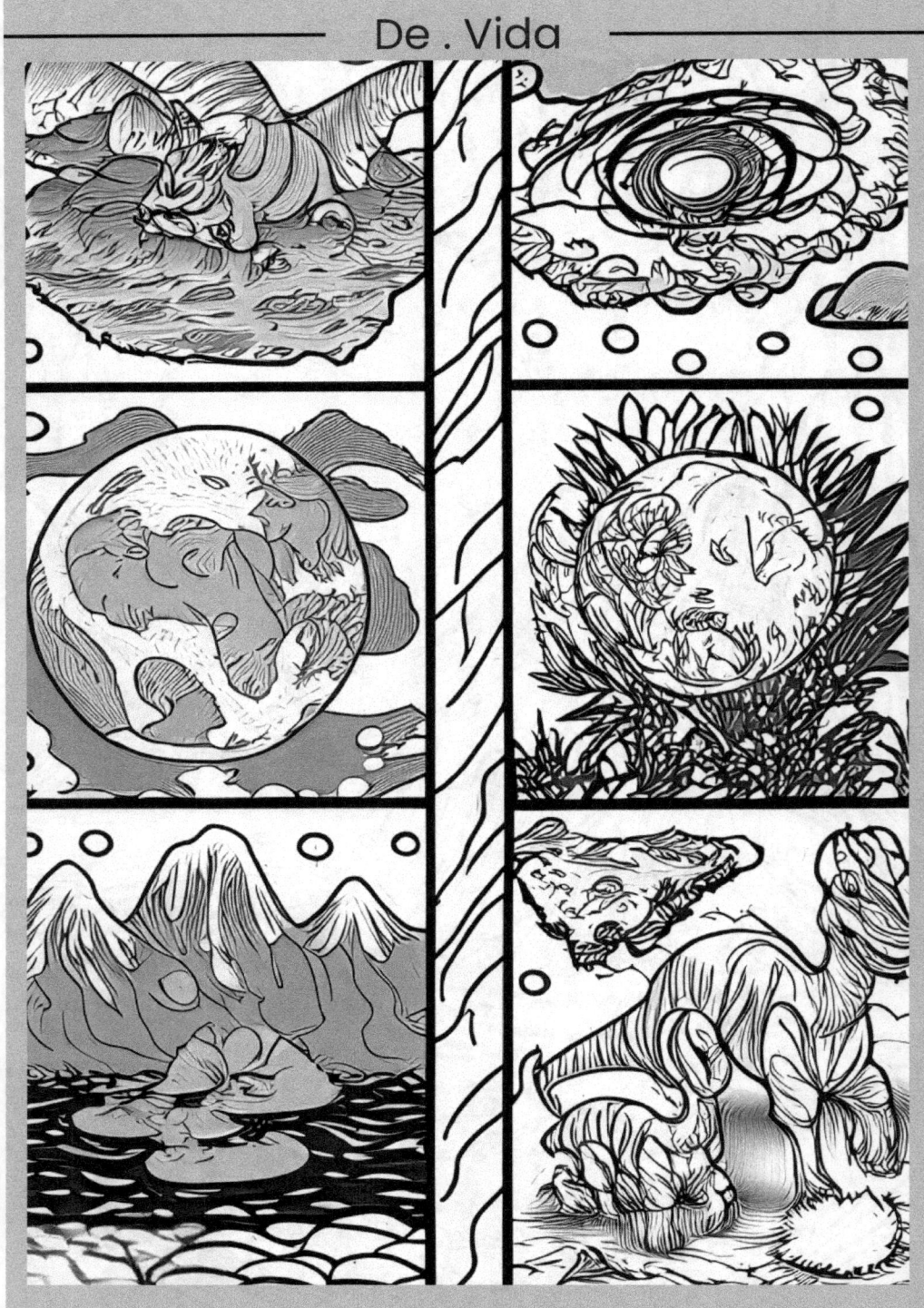

Geo Arte

www.ingramcontent.com/pod-product-compliance
Lightning Source LLC
Chambersburg PA
CBHW050329230526
45471CB00005B/2402